职业教育**经济管理类**
新形态系列教材

U0597190

新媒体营销实务

ECONOMICS AND MANAGEMENT

华迎 / 主编
解军 余仙仙 杨柳 / 副主编

人民邮电出版社
北 京

图书在版编目（CIP）数据

新媒体营销实务：微课版 / 华迎主编. -- 北京：人民邮电出版社，2024.1（2024.6重印）
职业教育经济管理类新形态系列教材
ISBN 978-7-115-62318-8

Ⅰ. ①新… Ⅱ. ①华… Ⅲ. ①网络营销－职业教育－教材 Ⅳ. ①F713.365.2

中国国家版本馆CIP数据核字(2023)第135780号

内 容 提 要

新媒体营销是当前主流的营销方式之一，很多品牌方都会结合多种新媒体营销方式和营销平台来营销产品与服务等，以促进销售、打造口碑、提升品牌知名度等。本书依据新媒体营销岗位的基本技能需求，对新媒体营销的内容进行了系统讲解。本书共十个项目，包括新媒体营销基础、新媒体营销定位、新媒体营销方式、微信营销、微博营销、短视频营销、直播营销、社群营销、新媒体营销数据分析和新媒体营销综合实训。

本书采用项目任务式结构，将项目划分为具体的任务，通过任务串联理论和实践，实现理论和实践的紧密结合，从而帮助读者更全面地掌握新媒体营销的基础知识和实际操作。

本书可作为新媒体营销相关专业课程的教材，也可作为从事新媒体营销相关工作人员的参考用书。

- ◆ 主　　编　华　迎
　　副主编　解　军　余仙仙　杨　柳
　　责任编辑　孙燕燕
　　责任印制　李　东　胡　南
- 人民邮电出版社出版发行　　北京市丰台区成寿寺路 11 号
　邮编　100164　电子邮件　315@ptpress.com.cn
　网址　https://www.ptpress.com.cn
　大厂回族自治县聚鑫印刷有限责任公司印刷
- ◆ 开本：700×1000　1/16
　印张：13　　　　　　　　　2024 年 1 月第 1 版
　字数：276 千字　　　　　　2024 年 6 月河北第 3 次印刷

定价：52.00 元

读者服务热线：**(010)81055256**　印装质量热线：**(010)81055316**
反盗版热线：**(010)81055315**
广告经营许可证：京东市监广登字 20170147 号

前言
PREFACE

　　随着新媒体技术的不断发展，新媒体营销成为企业综合营销战略中不可或缺的重要部分。当然，在新媒体环境下，企业市场营销也面临着新的机遇与挑战，企业要想改变传统营销方式，实现转向新媒体营销的目的，就需要培养"下得去、留得住、用得好"的新媒体营销人才。党的二十大报告明确指出："必须坚持科技是第一生产力、人才是第一资源、创新是第一动力，深入实施科教兴国战略、人才强国战略、创新驱动发展战略，开辟发展新领域新赛道，不断塑造发展新动能新优势。"为了适应日新月异的新媒体环境，落实国家发展战略方针，培育精准对接市场需求的全面型新媒体营销人才，编者特地编写了本书。

　　本书具有以下特点。

1. 基于项目任务式结构，分解任务

　　本书采用项目任务式结构进行讲解，按项目流程式的叙述方式将知识点拆分为一个个任务，且同一项目下的每个任务相互关联，都先从讲解基础理论知识开始，再从品牌的实际营销需求出发，介绍具体的营销方案和营销操作，化繁为简、层层深入，一步步指导读者完成任务，从而提升读者的知识理解能力和实际动手能力。

2. 情景贯通，专项实训

　　本书根据营销的实际情况，为每个项目设定了营销情景，通过情景的改变推动任务的进行，将抽象的理论知识与具体实践相结合，让读者能够在真实的营销情景中进行理解和学习，从而提升自身的实际操作能力，真正做到"将知识为己所用"。

　　同时，为提升读者的实际操作能力，本书在每个项目末尾设置了"任务实训"。为保证实训的连贯性，本书以农业公司"农禾"的新媒体营销为背景，以该公司新媒体岗位实习生郝安的相关操作作为线索，贯穿全书，形成一个大的案例实训。实训内容包括从入职前的就业计划书制作到微信营销、微博营销等工作的具体开展，再到营销活动相关数据的分析等，涉及新媒体营销的方方面面，具有较强的实操性和参考性。

3. 立德树人，素养与能力并重

　　在"德"方面，本书在项目一中就提到了新媒体营销岗位职业素养的培养，而且在每个项目的首页均设置了"素养目标"板块，在前7个项目中设置了"职业素养"板块，融入了前沿知识、文化传承、职业道德等元素。同时，本书紧跟时代发

展的步伐，深入贯彻党的二十大精神，并将相关内容融入"职业素养""实训背景"等。

在"才"方面，本书不仅讲述了新媒体营销中的基础和重要的理论知识，而且在讲解这些知识的同时穿插了实际操作，如文案撰写和排版、短视频剪辑等，还以"任务实训""知识巩固"等板块强化读者对知识的理解与掌握。

4. 案例丰富，旁征博引

本书以"案例链接"的方式提供了实际案例，这些案例来自不同行业、不同品牌，具有较强的可读性和参考性，可以帮助读者快速理解与掌握理论知识，丰富见闻、拓展视野。为了帮助读者理解案例，本书还对案例进行了点评，引导读者理论联系实际，在学中思、思中学。

此外，本书在介绍相关知识的过程中也穿插了对应的示例，以丰富所讲内容，提升内容的趣味性和生动性。

5. 板块多样，资源丰富

本书设置了多个板块，如"专家指导""知识链接"等。其中，"专家指导"补充了与书中所讲内容相关的经验、技巧与提示；"知识链接"用于补充与书中所讲内容有一定联系的知识，以拓展读者的知识面。

本书为在讲解过程中涉及的部分实际操作、穿插的各种拓展知识提供对应的二维码，读者扫描二维码即可直接查看相关知识、观看视频，以加深理解。此外，本书提供PPT课件、参考答案、教学大纲、电子教案和模拟题库等教学资源，用书教师可通过人邮教育社区（www.ryjiaoyu.com）免费下载。

在本书的编写过程中，编者参考了有关新媒体营销的同类书籍和资料，在此谨向这些资料的作者致以诚挚的谢意。

本书由华迎担任主编，解军、余仙仙、杨柳担任副主编。由于编者水平有限，书中难免存在不足之处，欢迎广大读者、专家给予批评指正。

编　者

2023年6月

目录
CONTENTS

项目一 新媒体营销基础

项目背景

随着新媒体产业的蓬勃发展，新媒体营销在树立企业品牌形象、促进企业产品销售等方面具有越来越重要的作用。本项目将以新媒体营销公司"谦策"的新媒体营销岗位培训为例，系统介绍新媒体营销的基础知识。

知识目标

- 掌握新媒体的定义、特点和发展趋势。
- 掌握新媒体营销的定义、特点和发展趋势。
- 了解新媒体营销岗位的职业素养。

技能目标

- 能够把握新媒体营销行业的发展趋势。
- 具备新媒体营销岗位的职业素养。

素养目标

- 不断提升对热点信息的敏感度和挖掘有用信息的能力。
- 保持好奇心，培养热爱学习、热爱思考、积极动手的良好习惯。

任务一 认识新媒体

"谦策"是一家新媒体营销公司，其营销业务涉及微信、微博、抖音、小红书等多个新媒体平台。近期，"谦策"新招聘了一批营销人员。在招聘过程中，"谦策"发现部分应聘人员对新媒体和新媒体营销的认知很模糊（见图1-1）。于是，"谦策"完成招聘工作后，首先开展了关于新媒体和新媒体营销的主题培训。

微课视频：认识新媒体

图1-1 部分应聘人员对新媒体的看法

一、新媒体的定义和特点

随着数字化技术、多媒体技术、计算机技术等互联网技术的发展，以及移动智能终端设备的普及，新媒体作为一种新的媒介，在打破媒介与地域、时间与空间、人与人之间的壁垒方面起到了重要作用。在开展新媒体营销之前，营销人员需要了解新媒体的定义和特点，明白为什么要使用新媒体开展营销，以及可以获得怎样的营销效果。

（一）新媒体的定义

媒体（Media）一词源于拉丁语"Medius"，泛指承载或传输信息的手段。新媒体是相对于传统媒体而言的，是一个相对的概念，其重点在"新"。例如，同样作为资讯的载体，今日头条、微博相对于报纸等而言就属于新媒体；同样作为视频的载体，抖音、西瓜视频等相对于电视而言就属于新媒体。因此，随着时间的推移和技术的发展，新媒体的定义也在不断变化发展。

就内容而言，新媒体既可以传播文字，又可以传播声音和图像；就传播过程而言，新媒体既可以通过流媒体（边传边播的媒体）的方式进行线性传播（单向直线性传播），又可以通过存储、读取的方式进行非线性传播（非线性传播与线性传播是相对的，这里不做过多解释）。

不管是从内容还是传播方式的发展来看，互联网技术都是支撑新媒体发展的关键。在此基础上，新媒体可以看作在互联网技术的支持下，以互联网、宽带局域网和无线通信网等为渠道，利用计算机、手机和数字电视等各种终端，向用户提供信息和服务的传播手段。从某种意义上说，新媒体是由技术进步引发的新的媒体形态。

（二）新媒体的特点

与传统媒体相比，新媒体具有沟通双向化、传播实时化、内容多元化、需求个性化、发展融合化等特点。

- **沟通双向化**。在传统媒体环境下，信息的传播与沟通是单向的（媒体→用户），交互性较差。但是，在新媒体环境下，信息传播的门槛被降低，媒体与用户之间可以实现双向沟通（媒体↔用户）。用户不仅可以接收信息，而且可以发布、传播信息，并通过评论、回复等方式将信息反馈给媒体。例如，某营销人员在微博发布了展示某品牌新的技术成果的营销信息，用户转发该条微博并在评论区表示对品牌的祝贺，营销人员在评论区感谢用户的祝贺。

- **传播实时化**。基于手机、平板电脑等移动终端，新媒体平台中的信息发布省掉了很多中间环节，可以做到即拍即发，而通过新媒体，用户也可以实时了解世界各地正在发生的事情。

- **内容多元化**。新媒体的表现形式多样，包括文字、图片、音频、视频、直播等，用户既可以采用单一的表现形式，又可以两两结合甚至将多种表现形式结合在一起。另外，在技术的支持下，数字信息传播技术还能应用到艺术、商业、教育和管理等众多领域，这在一定程度上拓展了传播内容的深度和广度。例如，某品牌为推广新产品，既发布了营销图文，又发布了营销短视频，还采用了直播的形式展示新品发布会现场的情况。

- **需求个性化**。一方面，新媒体可以基于用户的使用习惯、偏好和特点等，为每一位用户单独提供满足其各种个性化需求的服务，实现信息传播的个性化；另一方面，用户也可以通过新媒体选择、搜索信息甚至定制信息，其传播的信息与其个人喜好密切相关，具有个性化的特点。例如，今日头条依靠其个性化推荐机制，为用户推荐符合其喜好的信息。

- **发展融合化**。新媒体打破了传统媒体的单一分工模式和界限，催生了媒体之间、新媒体平台功能之间的融合，使信息的传递更加全面翔实。例如，某城市日报成立了全媒体中心；县级广播电视台、报社等进行资源整合，成立了融媒体中心。

🎓 专家指导

全媒体是在文字、图形图像、动画、声音和视频等各种媒介表现手段的基础之上融合不同媒介形态，产生质变后形成的一种新的媒介形态。融媒体是一种通过整合和利用广播、电视、互联网等不同媒体形态的优势，使其内容、功能、渠道、方法、管理和价值得以全面改善或提升的全媒体运营模式。

二、新媒体的发展趋势

合格的营销人员要紧跟时代的潮流，把握新媒体的发展趋势，掌握发展风向。2023年7月，中国社会科学院新闻与传播研究所与社会科学文献出版社共同发布《新媒体蓝皮书：中国新媒体发展报告No.14（2023）》（以下简称《蓝皮书》），深度剖析和总结了新媒体发展状况，对其提出十大未来展望，并指明当前新媒体发展的四大趋势。

（一）新媒体的未来展望

十大未来展望既是对新媒体未来发展的期望，也为营销人员开展营销工作、把握未来发展方向提供了思路。

- **基于数字化技术在智慧城市建设运用方面的展望**：智慧城市建设打通基层治理链条。
- **基于数字经济发展趋势方面的展望**：数字经济成为经济结构转型的主要方面。
- **基于新媒体内容生产方面的展望**：新媒体内容生产更加垂直细分。
- **基于融媒体建设方面的展望**：区域一体化建设助力全媒体传播体系格局。
- **基于媒体融合范式方面的展望**：媒体融合规范化程度更高。
- **基于互联网监管方面的展望**：主流意识形态与网络舆论空间治理加强。
- **基于人才培养方面的展望**：全媒体传播人才培养成果显著。
- **基于文创方面的展望**：文化产品更具中国文化特色。
- **基于"融媒体+"方面的展望**：融媒体产业边界持续拓宽形成发展范式。
- **基于国际网络安全方面的展望**：国际网络安全问题亟待关注。

（二）新媒体的发展趋势

《蓝皮书》关注当前我国新媒体的主要变化，总结了四大发展趋势，为新媒体营销的宣传推广、内容创作等提供了参考。

- **互联网平台监管进入常态化阶段**。《蓝皮书》指出，我国对互联网平台的常态化监管预期在一定时期内相对稳定。自2021年以来，我国出台了一系列互联网监管政策，并不断更新、完善对互联网平台的监管政策，同时积极布局人工智能领域法律体系和制度建设，算法与人工智能领域将是下一阶段网络治理的重点。
- **互联网公司继续向境外市场纵深挺进**。一方面，互联网公司加速探索出海业务；另一方面，跨境电商发展势头迅猛，多个跨境电商加快在境外的业务布局，如拼多多推出海外版"拼多多"TEMU。
- **ChatGPT资本活跃度上升，人工智能产业复苏**。随着ChatGPT资本活跃度的上升，我国人工智能产业也迎来复苏契机，在5G基础技术和国家政策等的加持下，文心一言、通义千问等人工智能产品纷纷上线，360搜索、钉钉等接入人工智能功能，拉开我国人工智能产业爆发式增长的序幕。

· **新媒体产业数字化趋势明显。**一方面，新媒体发展与数字中国建设紧密结合，数字中国理念将不断深度融入中国建设的顶层设计；另一方面，数字经济和实体经济加速融合，推动产业数字化发展。

 案例链接

从新媒体视角看抖音的发展

抖音作为一款音乐创意短视频社交软件，在上线后短短两年之内就实现了快速增长，日播放量超过10亿次，成为主流的新媒体平台之一。

随着移动互联网技术和新媒体的发展，短视频逐渐兴起。抖音看到了短视频带来的巨大流量，通过短视频这一简短、丰富多彩的内容形式，成功吸引了大量的年轻用户。抖音将目标用户定位为一、二线城市的"90后""00后"，这类用户多具有强烈的表现欲和社交需求，因此，抖音将自身定位为音乐创意短视频社交软件，通过滤镜、音乐、画笔、360度全景优化短视频等功能，让用户可以通过创作不同形式的短视频实时分享生活，并通过点赞、评论、转发等形式实现与其他用户之间的双向沟通及实时交流。与此同时，抖音也为报纸、电视等传统媒体提供了新的传播渠道，为传统媒体打造融媒体或全媒体中心提供了条件，并促进了传统媒体与新媒体的发展与融合。

抖音采用精准个性化推荐机制，该机制让抖音得以知晓用户的浏览喜好，并有针对性地为用户推荐其可能喜欢的短视频，实现内容的个性化推送。另外，作为新媒体平台，抖音也在积极响应国家对新媒体的规范整治，不断优化平台监管，加强内容审核，如发布《社区自律公约》引导规范表达、遏制不实信息等。

案例思考：

（1）抖音为什么可以实现爆发式增长？

（2）在我国新媒体发展过程中，抖音可以发挥什么作用？

点评：抖音作为主要的新媒体平台之一，顺应新媒体的发展趋势，以短视频为切入口，实现了用户之间的实时沟通与交流，并通过自我监管促进行业规范发展，通过精准个性化推荐机制实现内容的定制化推送，最终实现了自身的爆发式增长。随着新媒体影响力的增强，抖音也要充分发挥自身在数字中国建设方面的作用，助推主流媒体的融合发展，推动我国新媒体战略传播体系的构建。

任务二 认识新媒体营销

在介绍完新媒体的相关知识后，"谦策"开始了新媒体营销相关培训，包括新媒体营销的定义和特点、新媒体营销的常见平台，以及新媒体营销的发展趋势等，以帮助新员工进一步了解新媒体营销工作内容。

微课视频：认识
新媒体营销

一、新媒体营销的定义和特点

新媒体营销是一种借助新媒体平台开展营销的线上营销方式，是当前主流的营销方式之一，在传播品牌理念、树立品牌形象、促进产品销售等方面起着重要作用。新媒体营销之所以受欢迎，主要是因为它具有以下5个特点。

- **传播迅速**。一方面，新媒体平台本身具有信息发布便捷、快速的优点，可以快速传播信息；另一方面，新媒体营销内容是建立在用户需求之上的，因而很容易调动用户传播信息的主动性，提升信息的传播速度。
- **覆盖面广**。新媒体营销的传播方式和传播渠道多样，它不受时间和空间的限制，能够覆盖全国各地甚至全世界的目标用户群体。
- **营销精准**。新媒体营销基于互联网技术，能够精准获取用户数据，找到目标用户，从而制定有针对性的营销策略。
- **互动性强**。新媒体信息的传播是双向的，用户可以传播、讨论和反馈营销信息，甚至还能参与营销的策划与改进，因而新媒体营销具有非常强的互动性。
- **创意空间大**。新媒体营销可以借助新媒体平台，融入更多创造性元素，采用不同营销策略制作出更有创意的营销内容。

二、新媒体营销的常见平台

新媒体营销的平台众多，常见的有微信、微博、抖音等，不同平台的营销方式、内容形式、用户群体等不同。了解这些平台的特点，有助于营销人员为品牌量身定制营销方案，更好地开展营销活动。

（一）微信

微信是基于智能移动设备而产生的即时通信软件，也是一个可以让用户即时互动的交流平台，支持用户通过网络即时发送文字、图片、语音或视频等。

营销人员可以利用微信朋友圈和微信公众号开展微信营销。其中，微信朋友圈较为私密，用户在不添加好友的情况下，无法让他人查看自己发布的信息，也无法查看他人发布的信息；微信公众号则更为开放，只要用户订阅了微信公众号，营销人员就可以通过微信公众号向用户推送消息，如品牌宣传、产品销售、用户调研与服务等信息。图1-2所示为微信朋友圈界面。

（二）微博

微博是一个通过关注机制分享简短实时信息的社交网络平台，能够以文字、图片、话题、视频等媒体形式，实现信息的即时分享和传播。

微博注重信息的时效性，每个用户都能在微博中发表自己的看法，其微博信息也能被搜索相关信息的其他用户看到。营销人员可以通过发布内容、开展活动等，引导用户关注微博账号，将其转化为粉丝，并通过点赞、评论、抽奖等与粉丝互动，提升粉丝黏性、增加粉丝数量，从而将营销信息传递给更多的用户。图1-3所示为格力电器发布的微博信息。

图1-2 微信朋友圈界面　　　　　图1-3 格力电器发布的微博信息

（三）抖音

抖音是目前短视频、直播领域的主流平台，日活跃用户数过亿，支持用户通过短视频分享互动、通过直播营销推广等。同类型的平台还有快手、西瓜视频、微视、秒拍等。

抖音注重短视频的趣味性和可传播性，营销人员可以通过发布具有趣味性的短视频，开展话题挑战等活动或借助名人的影响力等扩大营销内容的传播范围，提升营销热度。

（四）点淘

点淘是淘宝旗下的直播电商平台，其前身是淘宝直播。点淘的直播形式以网店自播和达人导购为主，依托于直播这种形式，平台内产品的转化率较高。与之类似的平台还有快手、京东直播、多多直播（拼多多的直播平台）等。图1-4所示为点淘主界面。

点淘的直播具有强烈的带货属性，如果品牌在淘宝开设了网店，并希望提高网店的销量，就可以借助点淘开展直播。在直播的过程中，营销人员还可以借助点淘的直播中控台监控直播数据，并上架产品、开展直播活动、与用户互动等。

（五）小红书

小红书是一个专注于生活、购物分享的社区平台，用户可通过分享内容来实现产品的"种草"，进而促进产品的销售。

小红书主要以图文、视频、直播来呈现内容，其中，图文类内容也被称为笔记。营销人员可以在小红书中直接展示产品，也可以从好物分享的角度出发，或者联合多个账号发布不同类型的内容，达到"种草"的目的。图1-5所示为小红书中的产品营销信息展示。

（六）今日头条

今日头条是北京字节跳动科技有限公司开发的通用信息平台，也是新闻资讯类新媒体平台。今日头条利用个性化推荐系统，根据每个用户的兴趣、位置等数据向用户推荐热点、财经、科技、娱乐等内容。图1-6所示为今日头条的热榜界面。

图1-4 点淘主界面	图1-5 小红书中的产品营销信息展示	图1-6 今日头条的热榜界面

今日头条一般以广告的形式进行营销和推广，主要包括开屏广告（启动软件后显示的全屏广告）、信息流广告（在推荐、资讯等展示信息的界面中显示的广告），以及内容中植入的软广告等。同类型的新媒体平台还有搜狐新闻、网易新闻、腾讯新闻等。营销人员可以根据营销的需要和预算，选择投放不同位置的广告，或者发布今日头条文章，在文章中融入营销信息，引导用户点击或购买等。

专家指导

> 除了上述新媒体平台，还有一些问答平台（如知乎、悟空问答）、内容写作平台（如简书）也可以用来开展新媒体营销。

三、新媒体营销的发展趋势

随着新媒体的发展变化，新媒体营销的环境也发生了改变。营销人员要了解新媒体营销的发展趋势，以更昂扬的姿态开展新媒体营销。

（一）注重营销策略

不同新媒体平台的生态环境不同，其适用的营销方式也不同，因此，营销人员需要注重营销策略，通过有针对性的营销策略发挥各大新媒体平台在营销中的优势，布局品牌营销战略，强化营销效果。例如，抖音以短视频、直播为主，更偏向于具有趣味性的内容，营销人员通过抖音营销时要注重短视频、直播内容的创意。

（二）私域运营比重上升

不管是线上还是线下，不少品牌在获取公域流量（平台公共流量）的同时，更加注重私域流量（独属于品牌自身的流量渠道）运营，通过营销把用户引导到微信群、官方微信小程序、微博粉丝群等，为用户提供更加精准、个性化的服务，进而优化产品或服务转化效果，如罗森的微信群、安踏的会员服务小程序等。根据艾媒咨询的《2021—2022年中国私域流量发展现状与趋势分析报告》，用户进入商家私域流量的主要渠道是电商平台、小红书和微博。

（三）向短视频、直播倾斜

一方面，5G、智能手机的全面普及，推动了短视频、直播的进一步发展，吸引了越来越多的用户观看短视频和直播；另一方面，短视频、直播的趣味性、营销高效性、传播速度快等特性，让更多的新媒体平台、品牌开始布局短视频、直播，为短视频、直播带来了更可观的发展。例如，微信新增了视频号功能，淘宝推出逛逛和首页短视频等，拼多多、京东新增直播功能等，这既丰富了新媒体平台的功能，也推动着新媒体向全媒体方向发展。

 案例链接

东方甄选，"直播+教学"打造直播营销新模式

新东方教育科技集团有限公司（以下简称"新东方"）是我国规模较大的综合性教育集团。2021年，新东方从教育培训转向直播营销，打造了专属直播间"东方甄选"，以"直播+教学"的直播营销新模式营销产品，并取得了显著成功。截至2022年6月24日，与东方甄选直播相关的微博话题中，阅读量最高的已有上亿次。

在新媒体平台的选择方面，新东方在开始开展直播营销时就将目光投向了抖音，并用具有趣味性的语言将产品销售与课堂教学结合在一起，形成了独特的直播风格，快速吸引了众多年轻用户的注意。图1-7所示为东方甄选直播间的直播场景。另外，其直播中的趣味片段也被不少用户剪辑成短视频，并被快速传播。短时间内，抖音中关于"东方甄选""东方甄选直播"等话题的短视频总播放量破亿次。

图1-7　东方甄选直播间的直播场景

为了更有效地开展直播营销，东方甄选在抖音开设了多个账号，如"东方甄选""东方甄选自营产品""东方甄选美丽生活""东方甄选之图书"等，进一步扩大了品牌的影响力。同时，东方甄选也在微博、点淘等开设了直播账号，布局多平台营销，实现了品牌营销效果的最优化。

案例思考：

（1）东方甄选如何形成自己的直播风格？

（2）东方甄选如何扩大品牌营销效果？

点评： 从教育培训转到直播营销，东方甄选利用丰富的教学资源打造独特的直播风格，并利用多账号、多平台布局品牌营销，很好地扩大了营销优势。

任务三　新媒体营销岗位的职业素养

职业素养是对新媒体营销岗位的内在规范和要求。营销人员只有具备了一定的职业素养，才能更好地完成工作，实现职业的可持续发展。"谦策"始终把职业素养作为考核员工的重要指标，并注重对员工进行职业素养的培养。在培训过程中，"谦策"明确提出了公司新媒体营销岗位的职业素养包括基本素质和能力要求两方面。

微课视频：
新媒体营销岗位
的职业素养

一、新媒体营销岗位的基本素质

基本素质体现了新媒体营销人员的涵养和岗位适应性，新媒体营销人员应当具备以下基本素质。

- **良好的"网感"**。"网感"是网络敏感度的简称，反映的是新媒体营销人员对网络流行热点（如网络热点话题、网络热点词汇、网络热点表情包等）的敏感程度。良好的"网感"能够帮助新媒体营销人员更好地把握先机，快速反应，从而制造营销优势。

- **较好的审美能力**。不管是图文还是短视频，都能体现新媒体营销人员的审美。较好的审美能力能够帮助新媒体营销人员制作出赏心悦目的图文或短视频，给用户带来美的享受。

- **懂得创新**。独特的创意能够带给用户新鲜感，吸引用户持续关注，获得较高的关注度和曝光量，让营销事半功倍。

- **拥有好奇心**。新媒体营销人员要对周围的事物充满好奇心，不断发现和挖掘新的营销点。

- **保持学习**。新媒体营销工作的开展非常考验新媒体营销人员的能力，新媒体营销人员要永远保持学习热情，不断学习新的知识和技能，提升自己的专业能力。

二、新媒体营销岗位的能力要求

职业技能是营销人员的立身之本，体现了营销人员的工作实力。而

知识链接：不同
级别营销人员的
技能要求

且，随着新媒体行业的迅速发展和从业人员的增多，新媒体行业对营销人员综合能力的要求也越来越高。图1-8所示为某招聘网站上不同品牌对新媒体营销岗位的任职要求。总的来说，营销人员应当具备以下能力。

图1-8 某招聘网站上不同品牌对新媒体营销岗位的任职要求

- **产品理解能力**。新媒体营销人员应当明确产品定位，分析产品对用户的吸引力，找到用户的行为模式和特点，针对不同类型用户的需求进行针对性营销，从而最大限度地激发用户的购买欲望和传播欲望。
- **策划能力**。新媒体营销人员应当能够独自完成营销活动、营销内容的策划，包括线上和线下两方面。
- **文案写作能力**。新媒体营销人员要具备良好的书面语言表达能力、文案语言风格把控能力、文案内容写作能力和文案写作技巧运用能力等，能根据平台特点写作不同风格的营销文案，包括电商文案、微博营销文案、微信营销文案等。
- **设计和排版能力**。新媒体营销人员要学会设计图片和排版，能够使用创客贴、Photoshop、135编辑器等工具进行设计、排版，给用户留下良好的视觉体验。
- **资源整合能力**。新媒体平台众多，新媒体营销人员要了解企业已有的传播渠道和营销模式，积极收集和合理利用网络资源（如文章素材、优质合作对象等），将其充分整合后科学地选择最有利于企业的营销方式，从而最大限度地提高新媒体的传播价值。
- **数据分析能力**。新媒体营销人员要了解平台核心数据指标的含义，学会分析阅读数、点赞数、转发数、新增粉丝数等，以便评定营销效果，并根据数据分析的结果制定或调整营销策略。

职业素养

营销人员应当遵守职业道德，保证所发布信息的真实性。网络不是法外之地，营销人员应为自己的言论负责，并自觉维护绿色网络环境。

案例链接

天猫——《致女性的26行诗》

妇女节期间，天猫从女性的多元化价值出发，联合26个品牌制作了一则名为《致女性的26行诗》的广告短片，从多个角度展现了女性的力量。该短片以26个英文字母为基础元素，让每个品牌用一句话来表达品牌理念，摒弃了以往以产品为主角的设定，转而以女性为中心，通过女性的行为举动来展现多样的女性之美，传递出女性不被定义、欣赏自己、创造自己的价值观，引发了众多女性用户的共鸣。图1-9所示为不同品牌的广告语截图。

图1-9　不同品牌的广告语截图

案例思考：

（1）该广告短片的成功反映了营销人员的哪些职业素养？

（2）该广告短片起到了怎样的营销效果？

点评： 多品牌的联合营销非常考验营销人员的整体策划能力和活动统筹能力，《致女性的26行诗》的成功输出，不仅体现了营销人员良好的基本素质和专业能力，而且传达了天猫和其他26个品牌的理念，赋予了品牌更多的人情味，拉近了品牌和用户的距离。

任务实训：制作新媒体营销岗位就业计划书

【实训背景】

郝安是市场营销（新媒体营销方向）专业的大四学生，梦想创立一家新媒体营销公司。为了实现这一梦想，郝安准备先参与新媒体营销岗位的实习。现郝安看中了农业公司"农禾"的新媒体营销岗位，图1-10所示为农业公司"农禾"的新媒体营销岗位的职位描述。为了顺利应聘该岗位，郝安准备针对这一岗位制作就业计划书。郝安的个人信息如表1-1所示。

职位描述　　微信扫码分享　举报

公众号/朋友圈运营　文案策划　内容输出　团队管理经验　短视频运营　矩阵营销　活动策划

职责描述：

1 根据公司品牌战略进行新媒体平台的运营和策划，包括内容方向规划以及活动现场场景设计等；

2 了解行业动态，捕捉互联网热点事件和词汇，采集并整理行业素材；

3 独立撰写文案、视频脚本，不断创新和丰富公司品牌原创内容；

4 负责各大新媒体平台的原创内容发布、维护、管理、互动等，提高品牌曝光率、粉丝数和活跃度等；

5 定期进行数据分析汇总，根据目标粉丝数、转发量、阅读量等及时调整推广策略；

6 关注新媒体行业的新动向和新热点，引入新的玩法，确保公司品牌的推广力度和热度。

任职要求：

1 大专以上学历，市场营销、新闻、互联网或相关专业；

2 有3年以上相关工作经验，有新媒体运营、策划等经验，自己运营优质自媒体账号者优先；

3 能独立进行各平台运营维护，对线上活动等熟悉，能通过自身运营能力为品牌打造出私域流量矩阵；

4 熟悉新媒体玩法，对新事物怀有敏锐的洞察力并有自己的见解；

5 具有良好的学习能力、创新能力和沟通能力。

图1-10　农业公司“农禾”的新媒体营销岗位的职位描述

表1-1　郝安的个人信息

项目	详细描述
名字	郝安
性别	男
年龄	22岁
专业	市场营销（新媒体营销方向）
学历	本科在读
获奖情况	获二等奖学金2次，被评为“优秀班干部”
实践经历	① 加入学校宣传部，负责采访、写作和排版，时长为2年 ② 负责运营自己的抖音账号，时长为1年，短视频播放量均在500次左右
技能	撰写文案、制作抖音短视频；会使用剪映、135编辑器、Photoshop
自我评价	性格沉稳；喜欢阅读、关注行业热点；具有较强的学习能力、沟通能力和抗压能力

【实训要求】

（1）总结新媒体营销岗位的基本素质和能力要求。

（2）根据郝安的个人信息制作出可行的就业计划书。

【实训过程】

步骤 01 总结新媒体营销岗位的基本素质和能力要求。从该新媒体营销岗位的职位描述来看，该岗位要求应聘者具备良好的“网感”、创新和学习能力，具备策划、文案写作、资源整合、数据分析等技能，并对应聘者的学历、专业和工作经验提出了要求。

步骤 02 分析郝安与该岗位的匹配情况，找出他的优势和劣势。从基本素质来看，郝安喜欢关注行业热点，具有较强的学习能力；从能力要求来看，郝安会撰写文案、制作抖音短视频；从学历、专业和工作经验来看，郝安是市场营销（新媒体营销方向）专业的本科生，拥有运营抖音账号的经验。但是，郝安的抖音账号运营能力较差，他缺乏多平台营销策划等的实践经验，也欠缺数据分析能力，且工作经验未达到任职要求。

步骤03 ▶ 根据职业匹配分析结果生成应对策略。从分析结果来看，郝安如果想要成功应聘，可以运营抖音账号为突破点，努力提升自身的技能水平。

步骤04 ▶ 根据当前需求和梦想合理规划职业生涯目标。郝安当前的需求是应聘某农业公司的新媒体营销岗位，梦想是创立一家新媒体营销公司。那么，郝安可以将他的职业生涯目标规划为3个阶段，第一阶段是当前→应聘，第二阶段是应聘成功→工作，第三阶段是在公司工作→自主创业。

步骤05 ▶ 为实现职业生涯目标制订实施计划。计划可以是每天/每周/每月看多少篇优秀的新媒体文案、写多少篇新媒体文案或制作多少个短视频等，也可以是阅读农业领域内的哪些书籍等。

步骤06 ▶ 生成新媒体营销岗位就业计划书。表1-2所示为就业计划书示例。

表1-2 就业计划书示例

项目	详细描述
优势	学历和专业：市场营销（新媒体营销方向）专业的本科生
	素质：喜欢关注行业热点、具有较强的学习能力
	经验：2年的学校宣传部工作经验，1年的抖音账号运营经验
	技能：撰写文案、制作抖音短视频
劣势	抖音账号运营能力较差，缺乏多平台营销策划等的实践经验，欠缺数据分析能力，工作经验未达到任职要求
就业目标	新媒体营销岗位
职业生涯目标	第一阶段：从现在到毕业，成功应聘该公司的新媒体营销岗位
	第二阶段：自毕业后到正式进入新媒体营销领域的5年内，努力工作，积累经验，争取成为优秀的营销人员
	第三阶段：掌握新媒体营销方式和理念，并创立1家新媒体营销公司
实施计划	第一阶段：每天浏览3篇优秀的新媒体营销文案，借助热点写1篇新媒体营销文案，每3天制作1个抖音短视频
	第二阶段：每天浏览3篇优秀的新媒体营销文案，按时完成公司安排的任务，写每日总结，争取获得"优秀员工"称号
	第三阶段：分析新媒体营销行业的现状和发展趋势，积累资源，选择适合自己的新媒体营销平台，制订创业计划

知识巩固

1. 选择题

（1）【单选】以下关于新媒体定义的叙述中，正确的是（　　）。

　　A. 新媒体是一个绝对的概念

　　B. 手机之于计算机是新媒体

　　C. 新媒体只可以传播文字、声音和图像

　　D. 新媒体的发展离不开互联网技术

（2）【单选】与抖音属于同一类平台的是（　　　　）。

    A．快手　　　　　　　　　　　　B．今日头条

    C．知乎　　　　　　　　　　　　D．小红书

（3）【多选】下列选项中，与新媒体当前发展态势有关的有（　　　　）。

    A．新媒体战略构建传播体系，助推数字中国建设

    B．媒体融合进入提质增效的发展新周期

    C．互联网治理"强监管"与"重保护"两手抓

    D．数字经济迈向"脱实向虚"之路

2．判断题

（1）新媒体营销岗位的职业素养不涉及能力。　　　　　　　　　　（　　　）

（2）只有关注了对方的微博账号才能看到对方发布的微博信息。　（　　　）

（3）新媒体营销是一种借助新媒体平台开展营销的线上营销方式。（　　　）

3．简答题

（1）简述新媒体的发展趋势。

（2）简述新媒体营销岗位的职业素养。

（3）简述新媒体营销的发展趋势。

4．实践题

（1）注册并登录抖音账号，完善抖音账号设置。

（2）注册并登录小红书账号，发布一条有关日常生活的笔记。

（3）注册并登录今日头条账号，完善今日头条账号设置。

（4）在招聘网站或目标公司官网查看新媒体营销岗位的招聘信息，并制作一份就业计划书。

项目二

新媒体营销定位

项目背景

　　就新媒体营销而言，无论是品牌营销还是产品营销，营销人员都要做好营销定位，这样才能更加有序地开展营销工作。本项目将以食品电商平台"每日鲜"的用户定位和内容定位为例，系统地介绍新媒体营销定位的相关知识。

知识目标

- 掌握用户定位的具体方法。
- 掌握内容定位的原则、内容的表现形式和内容定位的流程。

技能目标

- 能够精准定位产品或服务的用户。
- 能够确定适合产品或服务的营销内容。

素养目标

- 增强法律意识，合法合规地收集用户信息。
- 培养大局意识和全局观念，提升信息收集和分析能力。

任务一 用户定位

"每日鲜"是一个新兴食品电商平台,专注于为用户提供优质的食品,并将食品配送到家。由于用户定位不准确,"每日鲜"的产品销售并不理想,因此营销人员需要通过各种途径收集用户信息,获取有用数据并分析用户数据,精准构建"每日鲜"的用户画像。

一、收集用户信息

收集用户信息是用户定位的第一步,不仅可以帮助品牌深入了解用户需求,而且有助于品牌实现精准营销,提升竞争力。一般来说,营销人员可以通过确定收集范围→选择收集方式→设计调查问卷→汇总并整理用户信息的流程进行用户信息收集。

(一)确定收集范围

在收集用户信息前,营销人员需要明确信息的收集范围,主要包括用户属性信息和用户行为信息两种。

- **用户属性信息**。用户属性信息指可以表明用户自身身份的信息,包括姓名、性别、年龄、学历、职业、收入水平、家庭住址等基本信息。这些信息表明了用户的基本特征。
- **用户行为信息**。用户行为是用户需求的具体体现,常见的用户行为信息包括消费渠道、消费偏好、消费时间、消费频率、消费金额、消费驱动因素等。

营销人员确定了"每日鲜"用户信息的收集范围,包括姓名、性别、年龄、收入水平、家庭住址,以及消费偏好、消费时间、消费频率、消费金额和消费驱动因素。

(二)选择收集方式

不同用户信息的收集方式不同,获取用户信息的难易程度也不同。营销人员可以根据需要选择合适的收集方式,常见的用户信息的收集方式如下。

- **内部管理系统**。从企业内部管理系统的数据库中查询和采集与用户相关的数据信息,如产品采购和管理系统、用户服务管理系统、仓储管理系统、财务管理系统等。内部管理系统一般用于收集用户属性信息,如性别、年龄、家庭住址等。
- **专业数据机构**。许多专业数据机构会定期发布研究报告,如艾媒网、艾瑞网、中国互联网络信息中心等。这些专业数据机构发布的报告具有较强的专业性和权威性,使用价值很高。专业数据机构收集的信息一般比较庞杂,就用户信息而言,更多是指用户行为信息,如消费渠道、消费偏好等。
- **社会调研**。社会调研包括问卷调查、街头采访、用户访谈等方式,采用这种收集方式需要做好数据的回收和整理。利用社会调研收集的信息是根据营销目的而定的,具有较强的针对性,且收集者可以自行确定需要收集的用户信息,收集的信息也较为全面。

- **数据工具**。一些新媒体平台会提供专门的数据工具以收集用户信息，如淘宝的生意参谋、百度的百度指数、微信的微信指数等。利用数据工具收集的用户信息综合性较强，包括用户属性信息和用户行为信息，但使用其中的部分功能需要付费，且收集的用户信息来源于平台，对平台的依赖性较强。

职业素养

　　收集用户信息应当合法合规。近年来，部分平台存在违法违规收集、使用用户个人信息的情况，对用户个人的隐私安全构成了极大威胁，最终均受到了法律的严厉惩处。

　　"每日鲜"平台记载了部分用户属性信息（如姓名、家庭住址）和行为信息（如消费金额），但为了获取更多的用户信息，营销人员准备设计调查问卷发布在平台上，并通过发布链接的方式邀请用户填写。

（三）设计调查问卷

　　在设计调查问卷时，营销人员需要遵循一定的流程，包括确定调查目的、确定问卷类型、确定问卷结构和内容等。

1. 确定调查目的

　　调查目的即通过调查问卷要实现的目标，确定调查目的是设计调查问卷的前提和基础。就"每日鲜"的调查问卷而言，它主要是为了获取更多的用户信息，包括性别、收入水平、消费偏好、消费频率、平均一次性消费金额、消费驱动，以更全面地了解用户。

2. 确定问卷类型

　　调查问卷一般可以分为自填式问卷和访问式问卷两种。

- **自填式问卷**。这种问卷是调查者将问卷发送给被调查者，由被调查者自己填写。
- **访问式问卷**。这种问卷是调查者准备好问卷或问卷提纲，向被调查者提问，并根据被调查者的回答填写问卷。

　　为了节省时间、经费和人力，营销人员准备通过"每日鲜"平台发送自填式问卷给用户。

3. 确定问卷结构和内容

　　调查问卷一般由导语和问卷主体两部分组成。其中，导语主要包括3部分的内容，分别是自我介绍（告知被调查者自己的身份），调查目的（让被调查者知道在调查什么），回收问卷的时间、方式或其他事项（如感谢合作、注意事项等）。问卷主体即问题，一般分为开放式问题和封闭式问题两种，具体如下。

- **开放式问题**。这种问题不提供答案，由被调查者自由回答，能真实地反映被调查者的观点、态度，但不便于统计，一般以填空题或简答题的形式出现。
- **封闭式问题**。这种问题提供答案，让被调查者根据实际情况在答案中选择，便于统计，一般以选择题或判断题的形式出现。

设计调查问卷是为了获取更多的用户信息，而获取用户信息是为了实现精准营销、提供更优质的产品和服务等，因此营销人员将在导语中告知用户此次调查的目的是"更好地为您提供优质的产品和服务"。为便于统计，调查问卷以封闭式问题为主体，以选择题为主要题型，并加入了少量的填空题和简答题。以下为营销人员设计的调查问卷。

"每日鲜"用户喜好调查问卷

亲爱的用户，为了更好地为您提供优质的产品和服务，现特邀请您参与我方的本次调查活动。为感谢您的参与，我方将在问卷填写结束后赠送您随机产品一份！

1. 您的姓名是：_____。（填空题）
2. 您的性别是（   ）。（单选题）
   A. 男　　　　　　　　　　　　B. 女
3. 您的年龄是（   ）。（单选题）
   A. 20岁以下　　B. 20～30岁　　C. 31～40岁　　D. 40岁以上
4. 您每月的收入是（   ）。（单选题）
   A. 5500元以下　　　　　　　　B. 5500～6500元
   C. 6501～7500元　　　　　　　D. 7501～8500元
   E. 8500元以上
5. 您平常喜欢在"每日鲜"购买哪类食品？（   ）（多选题）
   A. 熟食面点　　B. 粮油副食　　C. 生鲜　　　　D. 乳品烘焙
   E. 酒水茶饮　　F. 休闲零食
6. 您一般多久在"每日鲜"消费一次？（   ）（单选题）
   A. 几乎每天　　B. 每周　　　　C. 几乎每个月　D. 偶尔
7. 您经常一次性在"每日鲜"购买多少钱的食品？（   ）（单选题）
   A. 200元以内　B. 200～400元　C. 401～600元　D. 600元以上
8. 在选购食品时，您更关注（   ）。（多选题）
   A. 口味　　　　B. 价格　　　　C. 品牌　　　　D. 特色
   E. 包装　　　　F. 营养　　　　G. 质量
9. 以下哪些方式会激起您的购买欲望？（   ）（多选题）
   A. 打折促销　　B. 新品上架　　C. 附赠礼品
   D. 会员积分兑换 E. 广告　　　　F. 其他
10. 您期望"每日鲜"在哪些地方进一步完善？（简答题）

（四）汇总并整理用户信息

回收调查问卷后，营销人员需要汇总并整理调查问卷中的用户信息。在整理用户信息时，营销人员可以借助各种工具，如Office办公软件、腾讯文档、WPS等。图2-1所示为营销人员使用Excel整理的部分用户信息。

图2-1　营销人员使用Excel整理的部分用户信息

二、分析用户数据

接下来，营销人员需要根据汇总并整理的用户信息分析用户数据，如性别占比、主要年龄段等。如果是借助平台（如数据分析平台、问卷星等调研平台），营销人员可直接使用平台提供的数据分析功能，查看用户数据分析结果。如果是将数据记录到Excel表格中，可以使用Excel中的函数按类别统计用户数据，并使用图表进行分析，具体操作如下。

步骤01▶打开"'每日鲜'用户信息.xlsx"文件（配套资源：\素材\项目二\每日鲜"用户信息.xlsx），分析性别占比。在A304、B304、C304单元格中分别输入"性别""数量""占比"，在A305、A306单元格中分别输入"男""女"，如图2-2所示。

微课视频：
分析用户数据

步骤02▶选择"B305"单元格，在编辑栏中输入"=COUNTIF(B3:B301,"男")"，按【Enter】键得到男性用户数量，如图2-3所示。

图2-2　输入单元格内容

图2-3　得到男性用户数量

步骤03▶双击"B305"单元格显示函数，将鼠标指针定位至函数括号中的数值中，按【F4】键固定引用的单元格区域，此时单元格中将出现"$"符号。按【Enter】键取消显示函数。

步骤04▶单击"B305"单元格，按【Ctrl+C】组合键复制数值，按【Ctrl+V】组合键将数值粘贴到"B306"单元格。双击"B306"单元格显示函数，将"男"更改为"女"，按【Enter】键得到女性用户数量。

步骤05 ▶单击"C305"单元格，在编辑栏中输入"=B305/SUM(B305:B306)"，如图2-4所示，使用"SUM"函数求出男性用户数量占总用户数量的比值，按【Enter】键得出结果。使用与步骤03相同的方法固定引用的单元格区域，复制"C305"单元格并粘贴到"C306"单元格，自动得出女性用户数量占总用户数量的比值。

步骤06 ▶选择C305:C306单元格区域，在【开始】/【数字】组中单击"常规"下拉列表框，在弹出的下拉列表中选择"百分比"选项，将比值以百分比的形式显示。

步骤07 ▶选择A304:C306单元格区域，在【插入】/【图表】组中单击"插入柱形图或条形图"按钮 ▄▄▄·，在打开的下拉列表中选择"簇状柱形图"选项，如图2-5所示。然后对图表进行适当美化，性别占比如图2-6所示。

图2-4 输入函数

图2-5 插入图表

步骤08 ▶按照相同的方法分析其他数据，效果如图2-7～图2-13所示（配套资源：\效果\项目二\"每日鲜"用户信息.xlsx）。

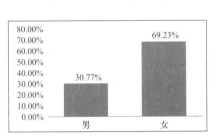

图2-6 性别占比

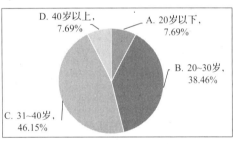

注：因这里只显示了两位小数，后还有很多位小数，受四舍五入的影响，故不足100%，余同。

图2-7 年龄占比

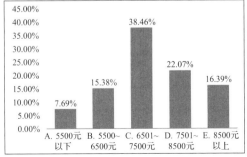

图2-8 收入占比

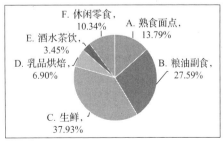

图2-9 消费偏好占比

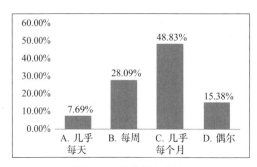

图2-10 消费频率占比

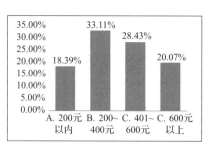

图2-11 一次性消费金额占比

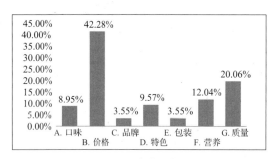

图2-12 消费重点占比

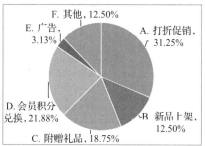

图2-13 消费驱动因素占比

从图2-6、图2-7中的数据可知，"每日鲜"的用户主要为20～40岁的女性；从图2-8、图2-9中的数据可知，收入在6501～8500元的用户占比较大，且用户多偏爱购买生鲜、粮油副食等；从图2-10、图2-11中的数据可知，每周和几乎每个月都会在"每日鲜"消费的用户占比大，且一次性消费200～600元的用户占多数；从图2-12、图2-13中的数据可知，用户比较看重价格、质量、营养，并且喜欢在打折促销、可参与会员积分兑换时购买产品。

三、构建用户画像

用户画像通过图像将用户属性、行为等信息直观地展示出来，是实际用户的虚拟代表，能够通过数据展示产品或品牌的目标用户群体，从而实现对数据的统计分析。用户画像不仅可以方便营销人员进行用户定位，而且可以为用户运营指引方向。

（一）明确构建原则

在构建用户画像时，营销人员应遵守"PERSONAL"原则，即基本性（Primary）、同理性（Empathy）、真实性（Realistic）、独特性（Singular）、目标性（Objectives）、数量性（Number）、应用性（Applicable）和长久性（Long）。

- **基本性**。获取用户画像应该通过一定的数据调查完成，如收集用户信息和分析用户数据等。
- **同理性**。在设计用户画像时，要从用户的角度来思考问题。

- **真实性**。用户画像要符合现实生活中用户的真实形象。
- **独特性**。用户画像中的目标用户具有各自的特点，彼此间的相似性不大。
- **目标性**。用户画像中包含与产品相关的高层次目标，以及用来描述该目标的关键词。
- **数量性**。用户画像中的数量级明确，方便营销人员制订营销计划。
- **应用性**。用户画像可以作为一种工具，被应用到营销决策当中。
- **长久性**。用户画像能够和产品长久契合。

（二）绘制用户画像

掌握用户画像的构建原则后，营销人员需要绘制用户画像。在绘制用户画像时，营销人员可以先构建用户标签，再构建用户画像。

1．构建用户标签

用户标签的构建是绘制用户画像的关键。用户标签也称数据点，即利用若干个关键词来描述用户的基本特征，是对用户信息进行分析而得到的高度精练的特征标识。一般用户标签越精准，越有利于开展精准营销。构建用户标签的过程实际也就是提取关键词的过程，营销人员根据用户数据提炼出了关键词"6501～8500元""爱买生鲜、粮油副食""每周都有、几乎每个月""200～600元""看重质量、价格、营养""打折促销、会员积分兑换"等关键词，得到了可以代表用户特征的用户标签。

2．构建用户画像

构建用户标签后，营销人员将收集和分析的数据按照相近性原则进行整理，再将用户的重要特征提炼出来，形成用户画像框架，并按照重要程度进行排序以便查看，最后丰富与完善信息即可完成用户画像的构建。图2-14所示为营销人员绘制的"每日鲜"用户画像。

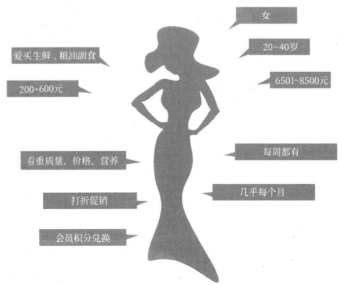

图2-14　营销人员绘制的"每日鲜"用户画像

金典推出超滤牛奶，高端白奶大有可为

金典是伊利旗下的高端奶制品品牌，相关数据显示，2021年金典的销售额首次突破了200亿元，金典成为继伊利、安慕希后第三个年销售收入超过200亿元的品牌。总的来说，金典销售额如此快速的增长离不开品牌精准的用户定位。

2022年，金典推出了超滤牛奶，其因独特的超滤工艺以及高的原生蛋白含量（6.0g/100mL，市场高端牛奶原生蛋白含量普遍为4.0g/100mL）受到了广泛关注。超滤牛奶推出的背后是用户对高品质高端白奶的需求。Frost&Sullivan提供的数据报告表明，我国高端白奶在液奶市场中的占比逐年提升，2020年，国内高端白奶的零售额达到800亿元，未来几年的增速将维持在5%～15%。与此同时，随着我国居民生活水平的提高，用户对高端白奶有了更高层次的需求，更加关注高端白奶的营养和健康价值，并对高端白奶的品质提出了更高的要求。在此背景下，超滤牛奶应运而生，超滤牛奶不仅口感好，而且具有高蛋白、高钙、低脂、低钠等特点，满足了用户对营养、健康的需求，也将我国高端白奶产业推向了新发展阶段。

案例思考：

（1）我国居民对高端白奶的新需求是什么？

（2）金典推出超滤牛奶的主要原因是什么？

点评：金典从用户需求出发，开展产品创新，推出符合用户需求的产品，这不仅体现了金典敏锐的市场洞察力，也体现了金典"以用户为中心"的经营理念，为金典的可持续发展奠定了用户基础。

任务二 内容定位

完成用户定位后，营销人员需要进一步确定"每日鲜"的营销内容，做好内容定位，以输出符合用户需求的内容，提高用户对品牌的信任度和忠诚度。在开展内容定位时，营销人员应先掌握内容定位的原则，选择内容的表现形式，并按照一定的流程来进行。

微课视频：内容定位

一、内容定位的原则

想要打造出符合用户需求和偏好的内容，营销人员首先要掌握内容定位的4个原则，明确内容定位的大致方向，如表2-1所示。

表2-1 内容定位的原则

原则	详细描述	示例
内容符合产品或品牌的定位	根据产品或品牌的定位来决定内容	如某汽车品牌将产品定位为"代步工具"，那么内容应体现汽车的"方便""节油价廉"等

续表

原则	详细描述	示例
内容满足用户需求	从满足用户需求的角度出发，挖掘用户的痛点，引起用户的共鸣	某"家常菜教学"抖音号从用户学习家常菜的需求出发，以家常菜的制作教程为内容
内容符合营销目的	营销目的不同，内容创作的方向也不同	若以品牌建设为目的，那么内容就要注重质量与专业性，以打造良好的品牌口碑；若以销售产品为目的，那么营销人员就要注重引流和转化
内容高频输出	持续生产内容	某微信公众号每天发布一条推送消息

二、选择内容的表现形式

新媒体营销内容的表现形式非常丰富，营销人员需要根据确定的内容项目和营销目的选择合适的内容表现形式。主流的内容表现形式如下。

- **文字**。文字是一种比较直观、灵活的内容表现形式，可以简单、准确地传递内容的核心价值，但以文字表现的内容篇幅不宜过长，且要描述准确、用语简洁。微博头条文章、微信公众号文案（见图2-15）等多采用文字这种内容表现形式。
- **图片**。与文字相比，图片具有更强的视觉冲击力，其形式包括动图、长图、九宫格图片等。新媒体营销内容可以全部是图片，营销人员也可以将文字融入图片，以提升用户的阅读体验。一般来说，产品的营销海报（见图2-16）、品牌的宣传图等大多采用图片这种内容表现形式。

图2-15 文字　　　　　图2-16 图片

- **视频**。视频是目前主流的内容表现形式之一，能够生动、形象地展现新媒体营销内容。实力雄厚的品牌可以委托专业的视频制作公司来制作视频内容，以体现其专业性并保证内容的质量。图2-17所示为全棉时代"她改变的"系列短片第二集的视频截图，该视频聚焦我国首位女足球教练，讲述了她奋勇拼搏、超越自我的故事，传递出品牌对"全棉改变世界"这一愿景的坚守。

- **H5**。H5是HTML5的简称，HTML5是指HTML（HyperText Markup Language，超文本标记语言）的第五个版本，是构建互联网内容的语言方式，也可以简单理解为使用HTML制作的网页。H5主要用于品牌传播和新媒体营销推广。图2-18所示为腾讯公益发布的"你有几朵小红花"H5截图。

图2-17　视频截图

图2-18　H5截图

出于营销的需要，品牌很多时候需要采用多种内容表现形式，如一些品牌会同时在微博发布文字、图片、视频，在微信公众号发布H5、文字等。若品牌在多平台开展营销，营销人员可根据需要选择合适的内容表现形式。

三、内容定位的流程

明确内容定位的流程可以更好地打造用户喜欢的内容，营销人员可以按照策划内容→打造内容亮点的流程来进行内容定位。

（一）策划内容

策划内容是内容定位流程中非常重要的一环，许多成功的营销案例都是经过精心策划的。具体策划内容时，营销人员需要建立内容的大体框架，包括主题、事件、场景、人物等。

（二）打造内容亮点

打造内容亮点能够使内容为产品或服务创造更多的价值，营销人员可以从以下4个方面来打造内容亮点。

- **提炼和优化关键词**。内容只有被用户搜索或浏览到，才有机会发挥出营销价值，而提炼和优化关键词是提高内容曝光度的第一步。营销人员提炼和优化关键词时应当从用户的角度去思考和选择，要注意用户的搜索、浏览用语。
- **展现独特价值**。在当前的营销环境中，大多是同质产品在互相竞争。要想让自身产品从同类产品中脱颖而出，营销人员必须将自身产品具有的独特价值清楚地展现给用户。
- **体现品牌精神**。品牌精神可以有效提高产品的辨识度，以及用户对产品的接受度，因此营销人员在打造内容亮点时要有意识地宣传品牌，体现品牌精神。
- **瞄准用户需求**。用户是新媒体营销的中心，营销人员只有瞄准用户需求，从用户的角度出发创造内容，才能为用户提供他们真正需要的内容。例如，某视频网站在分析目标用户后，发现他们对动画更感兴趣，便以此为切入点，引入大量与动画相关的视频，由此提高了自身的访问量，增加了会员数量。

"每日鲜"是一个食品电商平台，营销人员在打造内容亮点时可以融入平台中用户搜索较多的关键词，也可以从目标用户的需求出发开展营销，如及时发布具有吸引力的、涉及会员福利的内容等。

 **专家指导**

打造内容需要长期坚持，才能使内容深入用户内心，使用户形成对品牌的固有印象。只有坚持更新，培养好的内容营销习惯，才能创造更多的优质内容，持续向用户分享有价值的信息。

 案例链接

网易严选，用严谨的态度甄选好物

网易严选是网易旗下的电商品牌，覆盖了居家生活、服饰鞋包等多个品类。网易严选一直以严谨的态度，为用户甄选天下优品，其发布的营销内容也贯彻了这一点。

"双十一"期间，在其他品牌都在通过内容刺激用户消费时，网易严选提出了与众不同的口号——"要消费，不要消费主义"，并发布了"生活哲学手册"。"生活哲学手册"采用图文结合的内容表现形式，在左侧展示了锅、猫粮、水、床垫、拉杆箱、羽绒服、椅子、靴子等物品，从不同角度讲述了用户普遍存在的不理性消费行为，并在右侧展示了严选生活哲学，通过两种消费理念的对比突出了网易严选"严选好物，用心生活"的品牌理念。图2-19所示为"生活哲学手册"部分内容展示。

图2-19 "生活哲学手册"部分内容展示

案例思考：

（1）"生活哲学手册"的内容有什么亮点？

（2）"生活哲学手册"如何结合品牌理念和用户需求？

点评： 网易严选以"要消费，不要消费主义"为切入点打造内容，既体现了品牌精神，又展现了品牌理念，迎合了很多用户希望购买高品质好物的需求。

📈 任务实训 ●●●●●

一、为草莓苗构建用户画像

【**实训背景**】

"农禾"既开设了官网，也与线下商超合作售卖旗下产品。近来，"农禾"发现家庭种植果苗成为一大流行趋势，用户对优质果苗的需求增加，特别是草莓苗。经讨论，"农禾"计划推出一款草莓苗，预计售价为19元/棵。这是"农禾"首次推出果苗产品，郝安需要为果苗构建用户画像，以便实现精准营销。

【**实训要求**】

（1）选择合适的方式收集目标用户信息。

（2）根据用户数据精准提炼用户特征，并构建用户画像。

【**实训过程**】

步骤01 ▶ 选择收集方式。该款草莓苗是"农禾"推出的第一款果苗产品，因此郝安无法从公司内部获取用户信息，他打算通过专业数据机构、社会调研、数据工具等获取用户信息。由于很多用户在选购产品前经常会在百度上搜索，且搜索数据在一定程度上反映了用户对产品的关注程度，因此，郝安决定使用百度指数收集目标用户信息。

步骤02 ▶ 使用百度指数收集目标用户信息。进入百度指数官网，在首页的搜索框中输入"草莓苗"，按【Enter】键，打开搜索结果页面，单击"人群画像"超链接，查看近30天内搜索"草莓苗"的用户信息，包括地域分布（见图2-20）、年龄和性别分布（见图2-21）。

图2-20 地域分布

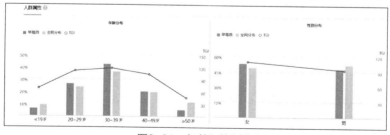

图2-21 年龄和性别分布

步骤03 ▶ 分析用户数据。由图2-20中的数据可知，搜索草莓苗的用户多位于山东、广东等水果种植业较发达地区；由图2-21中的数据可知，搜索草莓苗的用户中，30～39岁的用户占比较大，且男、女比例相差不大。

步骤04▶构建用户画像。根据分析结果，可以提炼出"水果种植业较发达地区""30～39岁"等关键词，由此可以得知草莓苗的目标用户为水果种植业较发达地区的30～39岁的用户。

二、为草莓苗进行内容定位

【实训背景】

草莓苗推出后，销售成绩不如预计的理想。于是，"农禾"想要借助新媒体营销草莓苗，希望郝安创作出能够刺激用户消费的营销内容。为了策划出切实可行的营销内容，郝安需要先进行内容定位，并形成内容营销方案。

【实训要求】

（1）根据流程进行内容定位。

（2）围绕草莓苗形成切实可行的内容营销方案。

【实训过程】

步骤01▶圈定目标用户。草莓苗的目标用户是水果种植业较发达地区的30～39岁用户，而这一类用户多为"80后""90后"，具有一定的经济基础，且消费较为理性，通常喜欢使用资讯类平台浏览新闻。

步骤02▶确定营销方式。根据目标用户的特征，可以选择图文、短视频等营销方式，如在今日头条发布营销图文、在微博发布营销短视频等。

步骤03▶选择营销媒介。今日头条、微博等资讯类平台都是主流的新媒体营销平台，郝安可以选择在多个平台营销，扩大营销内容的覆盖范围。

步骤04▶策划内容。策划内容时，郝安可以先在搜索引擎、营销案例网站（如数英网、梅花网）等搜索成功的营销案例。例如，如果是策划今日头条的图文营销内容，郝安可以先搜索营销草莓苗的文章，然后分析其内容的组成并模仿，如内容多是从亲身经历分享切入，由"发现一款优质草莓苗的喜悦+草莓苗的卖点+草莓苗对用户的好处"构成，郝安也可以以此为内容框架。

步骤05▶打造内容亮点。打造内容亮点时，郝安可以先提炼出草莓苗的核心卖点，如苗大、带原土、对版等，然后通过文字描述放大核心卖点，提升内容的吸引力。

步骤06▶设计转化渠道。为方便用户购买草莓苗，郝安可以在内容中添加购买链接、购买二维码、购买地址等。

步骤07▶形成内容营销方案。综合内容定位信息，形成内容营销方案。表2-2所示为郝安设计的内容营销方案。

表2-2　郝安设计的内容营销方案

项目	详细描述
营销目的	提升草莓苗的销售额
营销对象	水果种植业较发达地区的30～39岁用户

续表

项目	详细描述
营销方式	图文、短视频
营销媒介	今日头条、微博
营销内容	今日头条： ① 知识分享，教用户如何选择优质的草莓苗；展示草莓苗的茎、叶等细节。 ② 好物分享，从亲身经历出发，分享草莓苗的卖点。 微博：通过官方微博账号发布草莓苗上新信息

知识巩固

1. 选择题

（1）【单选】以下属于用户属性信息的是（　　　）。

　　A. 性别　　　　　B. 消费偏好　　　C. 消费频率　　　D. 消费金额

（2）【单选】以下关于用户画像的描述中，正确的是（　　　）。

　　A. 用户画像是实际用户的虚拟代表

　　B. 用户画像通常通过图像展示出来

　　C. 构建用户画像时应遵守普遍性、同理性、真实性、独特性、目标性、数量性、应用性、长久性原则

　　D. 用户画像是对用户数据的简单罗列

（3）【多选】收集用户信息的方式有（　　　）。

　　A. 用户服务管理系统　　　　　　B. 艾媒网

　　C. 用户访谈　　　　　　　　　　D. 生意参谋

（4）【多选】以下关于内容定位的描述中，正确的有（　　　）。

　　A. 内容符合产品或品牌的定位　　B. 内容满足用户需求

　　C. 在定位时要先明确目标用户群体 D. 内容定位不是必需的

2. 判断题

（1）产品的营销海报、品牌的宣传图等大多采用图片这种内容表现形式。

（　　　）

（2）构建用户画像时应该通过一定的数据调查。 （　　　）

（3）营销人员可以从外部管理系统收集用户信息。 （　　　）

3. 简答题

（1）简述收集用户信息的流程。

（2）简述构建用户画像需要遵循的原则。

（3）简述内容定位的流程。

（4）简述构建用户画像的方法。

4. 实践题

（1）为某品牌的云腿月饼进行用户定位，云腿月饼产品信息如表2-3所示。

表2-3　云腿月饼产品信息

项目	详细描述
产品名称	云腿月饼
产品类别	滇氏月饼
月饼皮类别	酥皮
产品重量	50克×20枚
产品图片	
产品卖点	酥香硬壳饼皮；取材于云南宣威火腿，咸香有嚼劲；添加蜂蜜，口感温润

（2）为该云腿月饼进行内容定位，确定营销内容的方向，并形成内容营销方案。

项目三
新媒体营销方式

● 项目背景

　　新媒体营销有其固有的方式，营销人员只有掌握不同营销方式的重点，并且利用好平台，才更容易取得营销成效。本项目将以果汁品牌"鲜香乐果汁"的营销方式为例，系统地介绍各种新媒体营销方式的基础知识和开展方法。

● 知识目标

- 掌握口碑营销、事件营销、饥饿营销、互动营销的方法。
- 掌握情感营销、软文营销、借势营销、IP营销、跨界营销的方法。

● 技能目标

- 能够根据营销需要选择合适的新媒体营销方式。
- 能够策划出可行的营销方案。

● 素养目标

- 诚实守信，尊重用户，能够根据用户的需要开展差异化营销。
- 关注社会热点，关爱社会，培养社会责任感。

任务一　口碑营销

"鲜香乐果汁"是一个果汁品牌，在线上、线下均有销售渠道，其广告语是"随性生活，自在鲜香乐"。"鲜香乐果汁"售卖的果汁口感好、品质高、价格适中，用户口碑较好，受到不少年轻用户的喜爱，复购率也较高。这些用户使用微博、抖音、哔哩哔哩、小红书的频率较高，他们常通过这些渠道获取信息。"鲜香乐果汁"为进一步塑造品牌形象，提升品牌知名度和影响力，现要求营销人员开展口碑营销，打造品牌口碑。

微课视频：口碑营销

一、口碑营销的基础知识

口碑营销就是通过一定的途径或渠道为产品或品牌塑造正面口碑，使用户产生信任感，并自主传播有利于产品或品牌的信息，从而为产品或品牌树立积极的形象。口碑营销不仅可以提高产品或品牌的曝光度，还可以提升用户忠诚度。在开展口碑营销之前，营销人员应当熟悉口碑营销的基础知识，包括运作法则和类型。

（一）口碑营销的运作法则

开展口碑营销，营销人员需要遵循有趣、开心、简单、守则的运作法则，以便更好地制作口碑营销素材，提升口碑营销效果。

- **有趣**。营销内容具有趣味性，能引起用户的注意并促使用户传播。
- **开心**。参与口碑营销的产品或服务能够让用户感到兴奋、激动，甚至让用户产生立刻将相关信息转告给其他人的心理。
- **简单**。营销内容要简单，便于用户记忆和分享。
- **守则**。在进行口碑营销时，营销人员应将职业道德贯穿营销活动的整个过程，坚持实事求是、诚实守信。

（二）口碑营销的类型

在开展口碑营销之前，营销人员应当熟悉口碑营销的类型，以及不同类型口碑营销的特点。

- **经验性口碑营销**。这是用户对某种产品或服务的直接感受，一般表现为用户对产品的使用反馈，如图3-1所示。一般来说，经验性口碑营销分为正面和反面两种，正面的经验性口碑营销可以提升品牌形象，而反面的经验性口碑营销会损害品牌形象，降低品牌价值。

图3-1　经验性口碑营销

- **继发性口碑营销**。这是用户直接感受传统营销活动传递的信息或所宣传的品牌时形成的口碑，如品牌在线下开展产品体验活动时形成的口碑。它对用户的影响比广告的影响更大。
- **有意识口碑营销**。这是指利用名人代言为产品上市营造的正面口碑，其与名人的影响力挂钩，难以衡量。因此，采用有意识口碑营销的品牌数量往往少于采用经验性口碑营销和继发性口碑营销的品牌。

二、开展口碑营销

口碑营销需要经历打造口碑、传播口碑、维护口碑的过程，营销人员可以按照这一过程开展口碑营销，引发更多的用户传播产品或服务信息。

（一）打造口碑

口碑营销一般建立在良好的产品或服务质量上，其本质是提升用户体验，获得较好的口碑及传播效果。营销人员可以通过以下方式来打造口碑。

- **选择优质的产品**。选择质量好的产品或服务更容易获得用户的支持和认可，引发用户的自主传播行为。
- **注重用户体验**。用户体验影响着口碑营销的效果。在打造口碑时，营销人员应当重视用户体验。例如，营销人员为用户提供优质的产品或服务，根据用户反馈改进产品或服务，为新老用户提供专属服务等。
- **塑造品牌文化**。品牌文化可以使品牌的形象更加饱满。在打造口碑时，营销人员可以通过塑造积极的品牌文化（如品牌故事、品牌理念）来打造口碑。

"鲜香乐果汁"已经有了优质的产品和较好的产品反馈，因此，营销人员可以从产品和用户体验两方面来打造口碑，通过展示用户的积极评价来凸显用户对品牌的认可，并促使其自主传播。

（二）传播口碑

口碑需要传播才能为人所知。要让口碑传播出去，一方面要使口碑具有话题性，如为口碑打造微博热门话题；另一方面还要选择合适的传播渠道扩散口碑，如在其他平台发布同名话题内容等，让营销内容尽可能被更多的用户看到。

"鲜香乐果汁"的目标用户经常通过微博、抖音、哔哩哔哩、小红书获取信息，因此，营销人员可以先在微博上发布与产品或服务相关的话题，然后推广到另外3个平台上，扩大口碑传播范围。

（三）维护口碑

开展口碑营销的过程中，如果操作不当，也会给品牌带来负面影响，因此营销人员需要做好口碑维护。维护口碑可以从3个方面出发：一是严把产品质量关，用心做好服务；二是注重用户反馈；三是实时监测口碑营销数据，避免出现负面影响。

在"鲜香乐果汁"开展口碑营销的过程中，营销人员将随时监测用户反馈，做好口碑管理与维护，正确引导舆论方向，并制定风险预案。

案例链接

白象，始终如一

2022年"3·15"晚会后，"土坑酸菜"事件曝光，不仅引起了网友们对食品安全的热议，还导致了不少方便面品牌口碑下滑。与这些品牌相反的是，白象的口碑却不断提升，其用一句"一句话，没合作，放心吃，身正不怕影子斜"，给予了用户对白象食品安全的信心，也引发了用户对白象的关注和好奇。

在食品方面，白象坚守品质，20多年来没有出现过食品安全问题，且其产品价格亲民。在社会责任方面，白象常年开展慈善活动，并坚持聘用残疾人。图3-2所示为白象的企业文化截图。白象这一系列举动赢得了网友们的赞誉，网友们纷纷到白象的新媒体账号下点赞留言，还有不少网友购买产品表达对白象的支持。"3·15"晚会后，白象的多款产品在电商平台上售罄。

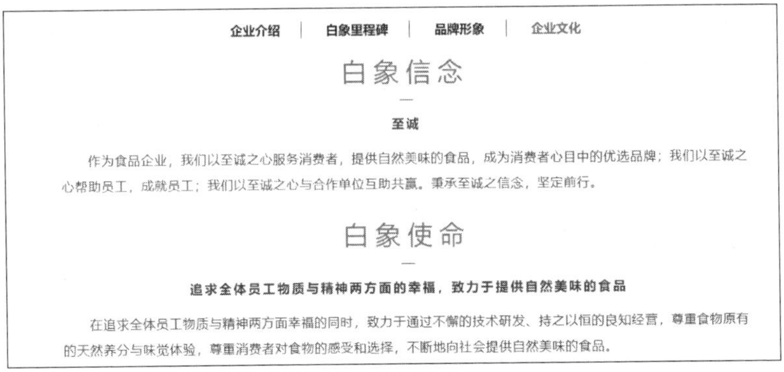

| 企业介绍 | 白象里程碑 | 品牌形象 | 企业文化 |

白象信念
—
至诚

作为食品企业，我们以至诚之心服务消费者，提供自然美味的食品，成为消费者心目中的优选品牌；我们以至诚之心帮助员工，成就员工；我们以至诚之心与合作单位互助共赢。秉承至诚之信念，坚定前行。

白象使命
追求全体员工物质与精神两方面的幸福，致力于提供自然美味的食品

在追求全体员工物质与精神两方面幸福的同时，致力于通过不懈的技术研发、持之以恒的良知经营，尊重食物原有的天然养分与味觉体验，尊重消费者对食物的感受和选择，不断地向社会提供自然美味的食品。

图3-2 白象的企业文化截图

案例思考：

（1）白象为什么能够化危机为机遇？

（2）你从案例中可以得到什么启发？

点评： 白象多年来坚守品质、始终如一，不管是其产品质量还是企业文化，都为打造良好的口碑奠定了坚实的基础。开展口碑营销，更重要的是要有经得起考验的口碑。

任务二 事件营销

不少用户反映"鲜香乐果汁"的产品包装过于陈旧，于是"鲜香乐果汁"对产品包装进行了更换。更换后的产品包装印有代表品牌的卡通形象——果宝，显得非常活泼可爱。为了让更多用户知晓新包装，并进一步推广品牌，营销人员需要借助产品包装更换这一事件开展事件营销。

微课视频：事件营销

一、事件营销的基础知识

事件营销是指利用新闻的规律，将营销活动制造成具有新闻价值或营销价值的事件，从而引起媒体、社会团体和用户的关注，使营销活动得以广泛传播，进而促成产品或服务销售的过程。好的事件营销可以为产品上新、品牌展示创造机会，也可以快速提升品牌知名度与美誉度。在开展事件营销前，营销人员应掌握事件营销的特点和要素。

（一）事件营销的特点

事件营销是主流的营销方式之一，具有目的性、风险性、多样性、新颖性和效果明显等特点。

- **目的性**。事件营销一般具有一定的目的，如营销产品、宣传活动等。
- **风险性**。媒体的不可控和用户的理解程度不同，会造成评论风向的不同。如果引导不佳，就有可能产生负面影响。
- **多样性**。事件营销具有集新闻效应、广告效应、公共关系、形象传播、用户关系于一体的特征。
- **新颖性**。事件营销展现给用户的往往是用户感兴趣的、能使用户耳目一新的信息。
- **效果明显**。事件营销可以聚集许多用户，且被不同新媒体平台传播，达到的营销效果较为明显。

（二）事件营销的要素

事件营销能否达到好的效果取决于事件价值的大小，而事件价值的大小则由构成事件的要素决定，包括重要性、接近性等。营销人员应尽可能让事件具备更多的要素，以增加事件营销成功的概率。

- **重要性**。这是指事件的重要程度，其判断标准为事件对社会产生影响的程度。事件的影响越大，事件营销的价值就越大。
- **接近性**。这是指事件与目标用户在心理、利益或地理上越相关，事件营销的价值就越大。事件关联的点越集中，越能引起用户的注意，因此，开展事件营销需要关注用户的特征。
- **显著性**。这是指事件营销中涉及的人物、地点和事件的知名度越高，事件营销的价值也就越大。
- **趣味性**。这是指事件营销中涉及的事件必须能够引起用户的好奇心。人类天生就有好奇心，事件营销如果能够抓住目标用户的好奇心，其成功的可能性就会大大提升。

二、开展事件营销

开展事件营销一般需要遵循一定的流程，营销人员可以按照以下流程进行。

（一）确定营销方式

事件营销的方式主要有两种：一种是自主策划事件开展营销，另一种是借助已有的热门事件开展营销。如果是自主策划事件，就要注意挖掘事件的亮点，一般来说，可以从两方面来挖掘：一是该事件切中用户需求，二是该事件较为新颖（如首次发生）。如果是借助已有的热门事件，要将事件的核心点、用户的关注点与品牌或产品诉求结合起来，才容易得到用户的认可。

"鲜香乐果汁"更换产品包装是自主策划的事件，且这是该品牌首次更换包装，营销人员可以围绕"该事件首次发生"进行营销。

（二）选择事件

确定营销方式后，营销人员还要选择合适的事件，常见的事件类型主要有以下几种。

- **新闻事件**。这是指对品牌产品或服务有价值、覆盖面广、影响大的，由新闻媒体报道的事件。
- **名人事件**。这是指品牌利用名人的影响力提升产品附加值，扩大产品影响范围，如以某名人为代言人。
- **热门事件**。这是指广受关注的社会事件，如微博热搜上的各类事件。
- **体育事件**。这一般是重大的体育赛事，如世界杯、奥运会等。一些品牌会以赞助或冠名的方式借助体育事件开展营销。
- **实事事件**。这是指一些突然的、已有苗头特定发生的实际事件，可以是自然事件，也可以是社会事件。

职业素养

不是所有的事件都适合用来开展事件营销，如敏感事件、负面事件等，营销人员要学会甄别各类事件。

"鲜香乐果汁"更换产品包装是一个基于用户需求而特定发生的实事事件，营销人员围绕该事件策划了关于首次更换产品包装的营销内容，并将其发布到了新媒体平台上。

（三）宣传事件

为了提升事件的热度，营销人员还要使用一定的方法宣传事件，如根据事件的进展慢慢"爆料"、借助名人的名气等。

营销人员可以根据更换产品包装这一行为，展示更换的进度，并将更换前后的产品包装风格进行对比，以吸引用户注意。

专家指导

事件营销中应注意，营销要遵守相关法律法规，不仅要将事件与品牌关联，还要注意规避风险。除此之外，事件营销不是临时战术，营销人员应将事件短期效应与品牌长期战略结合起来。

案例链接

伊利，为热爱就位

2022年11月，卡塔尔世界杯正式拉开帷幕。本届世界杯开创了多个"首次"，如首次在北半球冬季举行、首次在中东国家举行等，备受瞩目。在世界杯进行得如火如荼之际，关于世界杯的营销也早已吹响了号角。

与蒙牛、可口可乐等品牌不同，此次伊利采用场外切入的方式，通过聚焦知名球队开展营销。在营销中，伊利以"热爱"为主题，与西班牙、阿根廷、葡萄牙等国家队合作，并从中选择知名球员作为代言人，集结成"热爱之队"，并在微博发布话题"#为热爱上场#"。截至2022年12月，该话题的阅读量达到了1.6亿次。

同时，伊利也将世界杯与产品结合起来，在产品包装上做出了改变。在内包装上，伊利将产品包装从竖版更换为横版，并印上了合作球员或球队的形象；在外包装上，伊利统一采用绿色足球图案。为了增加趣味性，伊利围绕包装设计了"预测赢球"和拆"盲盒"的玩法，用户打开外包装才会发现牛奶盒上印着的是哪位球员或哪支球队，将印有心仪球员或球队的牛奶盒放在外包装上拍照，即可参与对获胜球队的预测。

除此之外，伊利还在微博发布"为热爱就位"话题，与用户互动，并开展"伊利盒伙人"等包装盒再创作活动，鼓励用户对包装进行二次创作，包装盒再设计活动如图3-3所示，引起了用户的广泛关注和参与。

案例思考：

（1）伊利为什么要借助世界杯开展营销呢？

（2）伊利的世界杯营销巧妙在哪里？

点评：伊利此次开展的事件营销借助世界杯的影响力，通过聚焦知名球队，将产品与世界杯联系起来，并鼓励用户二次创作，这既有助于销售产品，又拉近了与用户之间的距离，塑造了良好的品牌形象。

图3-3　包装盒再设计活动

⬤⬤⬤ 任务三　饥饿营销

趁着更换包装的热潮，"鲜香乐果汁"推出了新产品——便携装果汁，该产品采用134毫米×25毫米的铝袋包装，一盒30袋，方便用户出门携带。由于这是"鲜香乐果汁"首次生产便携装果汁，新产品的数量不多，仅有5000盒。现要求营销人员从新产品的数量入手，开展饥饿营销，并运用一定的营销技巧提升营销效果，促进新产品的销售。

微课视频：饥饿营销

一、饥饿营销的基础知识

饥饿营销是指品牌有意控制产量，制造产品供不应求的"假象"，以吸引用户购买，维护产品的形象，并维持较高售价和利润率的营销手段。饥饿营销的核心是制造产品供不应求的"假象"，来突出产品的紧缺或优惠活动的难得，刺激用户快速做出购买决策。饥饿营销的最终目的不是维持较高售价，而是提升品牌的附加值，树立高价值的品牌形象。

专家指导

一般来说，开展饥饿营销的品牌主要有两种：一种是产品或服务不被用户所知晓的品牌，另一种是有一定知名度的品牌。

饥饿营销做得好，可以很好地增强用户的购买欲望、提升产品销量和品牌价值。但是，如果饥饿营销做得不好，则可能损害品牌形象、降低用户的忠诚度。因此，在开展饥饿营销时，营销人员不能盲目行动，应结合一定的技巧。

- **严控产品质量**。营销人员只有严控并不断提升产品质量，让用户认可产品并期待产品的销售，才能扩大用户的需求，在产量一定的情况下，维持较高的利润率。
- **把握营销尺度**。开展饥饿营销一定要把握好营销尺度，量力而行，并根据市场顺势而行。
- **丰富营销形式**。在进行饥饿营销时，营销人员可以综合文字、图片、视频等不同内容表现形式，推广营销信息，扩大信息传播的范围，吸引更多用户的注意，增加产品的需求量。
- **多渠道营销**。为了更好、更快地进行传播推广，营销人员可以进行多渠道营销，吸引更多平台、更多用户转发营销信息，提高营销信息的曝光率，刺激用户产生消费需求，扩大市场对产品的需求。
- **优化文案内容**。营销人员可以利用修辞、制造悬念等方式提高营销信息的可读性、趣味性，突出产品的优势。

二、开展饥饿营销

一般来说，营销人员可以按照引起用户关注→引导用户产生需求→激发用户的购买欲望→发布营销信息的流程开展饥饿营销。

（一）引起用户关注

开展饥饿营销，首先要引起用户对产品或服务的关注，营销人员可以采用"免费""赠送""1元购""限制优惠产品的数量"等方式吸引用户。"鲜果乐果汁"的新产品上市，且数量有限，因此，营销人员准备采用赠送前100名购买用户一个环保购物袋和一个马克杯，并且告知用户同一个账号只能购买一盒，引导用户关注产品数量的方式，营造紧张的消费氛围。

（二）引导用户产生需求

引起用户关注后，营销人员需要通过营销信息引导用户产生相关需求。便携装果汁采用小袋包装，不仅可以随身携带，还可以即撕即饮。营销人员将通过放大便携装果汁"便携"的特点，引导用户产生"随身携带果汁、即撕即饮"的需求。

（三）激发用户的购买欲望

接着，营销人员通过描述产品相关信息、购买福利等刺激用户产生购买欲望。"为前100名购买用户赠送礼品""果汁便于携带、产品数量不多"等是此次营销的关键词，因此，营销人员将通过强调"赠送+特点（便携）+产品数量有限"激发用户的购买欲望。

（四）发布营销信息

营销人员在充分调动用户购买欲望的情况下，发布营销信息。综合所有信息后，营销人员将撰写并在微信、微博、小红书等新媒体平台发布营销信息。营销信息示例如下。

> 便携装鲜香乐果汁新上市！随时随地想喝果汁怎么办？便携装鲜香乐果汁为您解忧，可随身携带，即撕即饮，方便又美味！新品数量不多，仅有5000盒！前100名购买用户还可获得一个环保购物袋和一个马克杯！想买的小伙伴手速要快哦！

 案例链接

茶颜悦色南京店开业登上微博热搜

茶颜悦色是来自湖南长沙的新晋奶茶店，自开店以来就受到不少年轻用户的喜爱，是长沙城市名片的重要组成部分。由于业务发展，茶颜悦色逐渐向外省扩张。

2022年8月18日，茶颜悦色南京店开业，吸引了大量用户前往购买。据报道，茶颜悦色南京店开业不到2小时就人满为患，不少用户排队5小时才能买到奶茶。同时，"#南京茶颜悦色#""#南京茶颜悦色门外排长龙#"等话题也登上了微博热搜，如图3-4所示。

图3-4 茶颜悦色微博热搜话题

这并不是茶颜悦色第一次因开店时用户排队登上微博热搜。2022年6月，茶颜悦色重庆店开业，用户排队3小时才能买到奶茶；2021年12月茶颜悦色武汉店开业，官方预测用户的排队时间长达8小时。用户为什么愿意花费较长时间排队购买呢？一方面是因为茶颜悦色的门店较少，另一方面是因为茶颜悦色在长沙已经形成了良好的口碑，用户对品牌的期待值较高，但其提供的产品数量不足以满足用户需求，由此造成了供不应求的现象。但是，用户的新鲜劲过去之后，排长队这种现象便很少出现了。据报道，茶颜悦色重庆店在开业几个月后，用户购买奶茶不需要花费太多时间，有时去了门店就可以买到。

案例思考：

（1）茶颜悦色为什么会引得众人愿意花费大量时间排队？

（2）排长队的现象并没有一直存在，这是为什么？

点评：饥饿营销可以为产品造势，但是从茶颜悦色重庆店开业几个月后的情况来看，饥饿营销不是长久之计，留住用户最终还是要靠提升产品质量和创新。

任务四 互动营销

随着营销活动的开展，"鲜香乐果汁"积累了越来越多的忠实用户。这些用户多为20～39岁的女性，且多居住在一、二线城市。为了维护这些用户，拉近与用户之间的距离，"鲜香乐果汁"计划与用户展开互动，要求营销人员选择合适的互动营销方式，形成互动营销方案。

微课视频：互动营销

一、互动营销的基础知识

互动营销是指通过品牌与用户之间的交流互动，达到互助推广、营销的效果。互动营销强调互动双方的共同行为，具有互动性和舆论性强的特点。精准的互动营销可以增强用户对品牌的认同感，提升用户的忠诚度和品牌的竞争力。

要最大限度地发挥互动营销的作用，营销人员要清楚地知道互动营销的特点。

- **互动性**。互动营销强调品牌与用户之间的互动，通常是品牌策划某话题，然后发布话题并通过各种方式引导用户参与。
- **舆论性**。互动营销主要通过用户对品牌或产品的正面回复、评价等，在新媒体平台中引起广泛讨论，制造舆论效果。
- **眼球性**。互动营销主要是为了吸引用户眼球，即引起用户关注，这样才能形成广泛互动。如果互动营销不能吸引用户眼球，无疑是失败的。
- **"炒作"性**。互动营销一般会借助某一热点或者由品牌自己开展营销互动来"炒作"，以提升营销活动的热度，进而实现营销目的。

二、开展互动营销

互动营销要求互动双方进行交流——可以是线上的交流，也可以是线下的交流，营销人员可以选择单一的互动营销方式，也可以综合选择多种互动营销方式，然后形成互动营销方案。

（一）选择互动营销方式

依托互联网技术的发展，线上互动的方式较多，不同互动方式的具体实施方法也不一样。常见的线上互动方式如表3-1所示。

表3-1　常见的线上互动方式

互动方式		详细描述
话题互动		收集用户较关注的问题，从用户需求出发，将问题打造成话题发布到新媒体平台，并引导用户参与讨论
活动互动	签到	将签到活动设置在微信公众号、微博超话或小程序中，并设置签到规则和奖品，如发红包、连续签到3天可参与抽奖、连续签到30天送当季新品等
	互动游戏	可以抽奖，也可以邀请用户上传故事、照片等，同样要设置游戏规则和奖品，以激发用户的参与积极性，如点赞数排名前3的用户可获得奖品

开展线下互动营销时，采用活动的方式互动更容易调动用户的参与积极性，因此营销人员可以开展线下活动互动，如AR（Augmented Reality，增强现实）互动、品牌拟人化形象互动和趣味化互动等。

- **AR互动**。营销人员利用AR技术，在不同地点放置AR互动设备，并设置一定的规则，吸引用户参与互动。
- **品牌拟人化形象互动**。营销人员将品牌的拟人化形象制成立牌，或通过让员工扮演拟人化形象的方式，在线下与用户互动，如合影、拥抱等。
- **趣味化互动**。营销人员在线下开展趣味游戏、活动，吸引用户的注意，进行互动营销。

为增强互动营销效果，营销人员选择了"线上+线下"的方式，在线上开展话题互动，在线下开展品牌拟人化形象互动。

（二）形成互动营销方案

选择营销方式后，营销人员策划了互动营销方案，如表3-2所示。

表3-2　互动营销方案

项目		详细描述
营销目标		拉近与用户之间的距离
目标用户群体		一、二线城市的20～39岁女性用户
互动方式	线上：话题互动	思路：从用户关注身体健康但常熬夜的反差出发，打造话题"你真的有好好爱自己吗"，引导用户关爱自己，体现品牌对用户的人文关怀 具体实施： ① 微博：发布话题"你真的有好好爱自己吗"，引导用户在评论区回复并带话题参与讨论 ② 抖音：发布"你真的有好好爱自己吗"话题短视频，设置话题活动，引导用户参与话题并发布相关短视频
	线下：品牌拟人化形象互动	让员工扮演果宝，开展"抱抱果宝，也抱抱自己"主题线下活动，鼓励用户与果宝合影、拥抱，并设置"打卡"点，与线上话题相呼应 具体实施：11月1日—11月7日，全国"鲜香乐果汁"线下专卖店同时开展"抱抱果宝，也抱抱自己"主题活动，并张贴活动海报

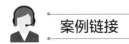
案例链接

海信音乐节全民挑战赛，收获上亿流量

2022年夏季，家电品牌海信在抖音开展了"夜逃音乐节"直播活动和"1小时夜逃计划"全民挑战赛，向用户传递了积极向上的生活态度，激起了用户对美好生活的热爱，进一步传递了品牌"有爱，科技也动情"的理念。

为了激发用户的参与积极性，"1小时夜逃计划"全民挑战赛采用现金奖励的方式，邀请用户制作同款视频，参与挑战。挑战赛正式开始前，海信在抖音热榜、搜索结果页、品牌榜等多个渠道投放了广告，为挑战赛预热。在挑战赛开始后，海信还邀请了众多达人共同参与挑战，借助达人的影响力点燃用户的参与热情。

同时，海信还采用直播"夜逃音乐节"的方式为挑战赛助力，并用现金激励用户参与"1小时夜逃计划"直播任务，包括关注、评论互动等，在提升直播间热度的同时也提升了挑战赛的热度。图3-5所示为海信音乐节宣传视频截图。最终，话题#1小时夜逃计划的热度直升，相关视频获得了1.4亿次的播放量，如图3-6所示。

图3-5　海信音乐节宣传视频截图　　图3-6　#1小时夜逃计划话题数据

案例思考：

（1）海信采用了哪些互动方式？

（2）此次营销中，海信是如何提升活动热度的？

点评： 海信在此次的互动营销中，并不是采用单一的互动形式，而是综合采用挑战赛、音乐节等有影响力且用户普遍愿意接受的形式，实现全民互动，在互动中传递品牌理念。

任务五　情感营销

微课视频：情感营销

为了强化品牌在用户心中的形象，"鲜香乐果汁"计划开展情感营销，现要求营销人员从用户需求的角度策划情感营销方案，深入挖掘用户的情感需求，建立品牌与用户的情感连接。

一、情感营销的基础知识

情感营销是指从用户的情感需求出发，将情感寄托在营销之中，唤起用户的情感需求，激发用户的情感共鸣，建立与用户的情感连接。开展情感营销，可以为品牌营造更好的营销环境，提高用户对品牌的忠诚度，其具体作用如下。

- **营造更好的营销环境**。营销环境决定了品牌的生存与发展，好的营销环境可以让品牌更好地发展。很多用户注重情感上的体验，情感营销正好强调了品牌与用户之间的情感交流，能够营造出一个温馨、和谐并充满情感的营销环境，帮助品牌树立良好的形象，拉近与用户之间的距离。
- **提高用户忠诚度**。通过情感营销，品牌可以聚集和自身理念相同的用户，与之建立情感连接，满足用户在情感上的需求，从而使用户对品牌产生偏爱，使用户紧紧聚集在品牌周围，提高用户对品牌的忠诚度。
- **增强品牌竞争力**。市场竞争的实质就是不同品牌在同一市场中争夺一定数量的用户。在这个过程中，除了在质量、价格、包装和服务等方面创造优势来争夺用户外，营销人员还可以通过情感营销争夺用户。通过情感营销，品牌可以赢得用户的好感，取得用户的信任，拥有比竞争者更大的获胜概率，在市场中越走越远。

二、开展情感营销

在开展情感营销时，营销人员需要先选择适合用于开展营销的情感，再通过一定的方式传递情感，最后营销情感。

（一）选择情感

情感是情感营销的基础，营销人员在开展情感营销前，首先要选择可以用于营销的情感。常见的情感类型主要有亲情、爱情、友情、对自我价值的肯定等，营销人员可以选择其中一类情感来进行情感营销。

"鲜香乐果汁"主张"随性生活"，与用户追求生活方式多元化有一定的相通之处，皆涉及对自我价值的肯定，营销人员可以从这一情感入手开展情感营销。

（二）传递情感

选择好情感后，营销人员还需要通过各种有效方式传递情感。在传递情感时，营销人员可以选择用户普遍容易接触到、表现力强的载体来承载和传递情感，如定制设计和主题设计、对产品进行情感包装、发布广告语、推出情感价格等。

1. 定制设计和主题设计

设计是传递情感的一种有效方式，特别是定制设计和主题设计。

- **定制设计**。它指在制造、设计产品或提供服务时，考虑到不同用户的消费需求，为用户提供参与制造产品的机会，让用户能够在产品中表达自己的情感，以此吸引用户接受产品或服务的营销策略。例如，家居品牌索菲亚就提供了衣柜定制、全屋定制等服务。
- **主题设计**。它指抓住用户在某一特定时间段的特殊情感需求，打造出能够表现情感的主题，再根据主题设计产品或提供服务，引起用户的共鸣。例如，某服装品牌推出的亲子主题的卫衣、爱情主题的情侣装等。

营销人员可以抓住用户对自我价值进行肯定的情感需求，将情感营销的主题确定为"热爱自我，随性生活"，并推出主题设计产品，如主题果汁产品。

2．对产品进行情感包装

情感包装是指从产品包装的材料、图案、色彩、造型等入手，形成独特的风格和特殊的内涵，给用户不同的情感享受，从而引发用户的好感和心理认同，激发用户的购买欲望。例如，老冰棍寄托着很多"70后""80后"甚至"90后"对童年的回忆，以表达怀旧情感为出发点，不少老冰棍的生产商都在其产品包装上印制了能表现当时生活情景的图案，如图3-7所示。

图3-7　老冰棍的包装

营销人员计划在主题果汁产品的包装上印上"热爱自我，随性生活"的字样，并将代表热爱的红色和代表随性的蓝色作为主要颜色，同时增添代表热爱的红心和代表随性的线条。

3．发布广告语

广告语是传递情感的一种直接、有效的方式。在选择广告语时，营销人员要选择能够使用户产生情感共鸣的句子，从而消除用户对广告的抵触，引发用户现实或潜在的需求。

营销人员将原有广告语"随性生活，自在鲜香乐"更改为"热爱自我，随性鲜香乐"，展现品牌立场从个性化到人性化的转变。

4．推出情感价格

此外，营销人员可以根据用户的情感需求，推出情感价格，让用户感受到被重视，从而提升对品牌的好感。例如，淘宝推出了88VIP，购买了88VIP的用户可以享受购物9.5折的专享权益，以及获得88VIP专享加赠等，如图3-8所示。

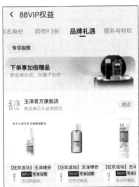

图3-8　淘宝88VIP权益

为促进情感传播，营销人员推出了情感价格：凡是购买主题果汁产品的用户，皆可享受第二瓶半价的优惠。

5．通过服务传播情感

服务也是情感传播的重要方式。品牌应提供良好的服务，做到严肃、真诚地处理问题，及时、高效地兑现承诺，随时为用户解疑答惑，让用户感到被尊重、被重视，这样才能提高用户对品牌的好感，获得竞争优势。

在服务方面，营销人员在微博开辟了情感板块，用户可以在该板块中发布问题，营销人员将邀请专家为用户解答。

（三）营销情感

在传播情感的同时，营销人员也要营销情感，增强用户的参与感，让用户与品牌互动。营销时，营销人员可以将富有情感的内容发布在新媒体平台中，采用提问、抽奖等方式引导用户评论、转发，也可以开展与情感主题相关的互动游戏。

更改广告语后，营销人员还将制作宣传短视频，并将短视频发布到微博、抖音等平台中。

 案例链接

润百颜，给热爱一枝小红花

2022年5月，中国移动信息技术中心与中国移动研究院联合发布的《"她"经济研究报告》显示，在线上消费上，女性群体的平均消费金额高于男性，女性正逐渐成为我国消费市场的主力军。随着"她"经济影响力的增强，不少品牌开始采用贴近女性价值主张的方式开展品牌营销，以引起女性用户的情感共鸣，传递品牌理念。

例如，护肤品牌润百颜就围绕"因爱专注"的品牌理念，以"给热爱一枝小红花"为主题展开了情感营销。在营销中，润百颜深入挖掘出了女性用户坚守"自我热爱"的生活方式，并将此与润百颜的品牌理念相结合，以品牌故事为载体，赞美和致敬坚持热爱生活的女性用户，引发了许多女性用户的共鸣。

同时，润百颜还联合五芳斋、周大福、去哪儿旅行等九大知名品牌，在微博发布"给热爱一枝小红花"海报（见图3-9），并发起"给热爱一枝小红花"话题讨论，在传递品牌价值主张的同时彰显品牌的社会责任感和担当。截至2022年12月，该话题的阅读量已达3.7亿人次，讨论量达4.8万次。

图3-9 "给热爱一枝小红花"海报

另外，润百颜还联合《中国妇女报》《嘉人》等制作了"因爱专注"主题短视频，讲述了非物质文化遗产"花儿"传承人、短道速滑奥运冠军、注册心理督导师坚持自己所热爱的事业的故事，进一步诠释了品牌"因爱专注"的价值主张。除了开展线上营销，润百颜还在杭州街头搭建了"热爱花坊"，为心怀热爱的用户派送小红花和产品，如图3-10所示；携手知名女性艺术家在北京开展以花为主题的画展，通过花展示女性的内涵美，并共同推出1万份公益联名款HACE次抛精华，用销售所得支持乡村教育。

图3-10 热爱花坊

案例思考：

（1）润百颜是如何开展情感营销的？

（2）通过此次营销，润百颜塑造了什么样的品牌形象？

点评： 润百颜的情感营销精准把握女性用户的价值主张，推出切中用户痛点的主题"给热爱一枝小红花"，并通过线上和线下的联合营销，扩大营销范围，在鼓励用户的同时，也成功地塑造了一个有温度的品牌形象，增强并提高了用户对品牌的认同感和满意度。

任务六 软文营销

恰逢夏季，一次性购买多件产品的用户明显增加。为了维护与用户之间的良好关系，"鲜香乐果汁"将开展软文营销，借助文字的力量传递品牌理念，进一步巩固品牌形象。现要求营销人员根据产品和品牌特征开展软文营销策划，并通过一些策略让广告融入得更加自然。

微课视频：软文营销

一、软文营销的基础知识

软文营销是通过特定的概念诉求，以摆事实、讲道理的方式，使用户走进品牌的"思维圈"，有针对性地引导用户心理，从而促进产品销售的一种文字营销模式。软文营销是当前主流的营销方式之一，其载体是软文，而软文本质上属于广告。在开展软文营销前，营销人员应当清楚软文营销的要素，以提高软文营销的效果，减少用户对软文的抵触。

- **有吸引力的标题**。标题的好坏直接影响了软文营销的效果，所以，软文营销的第一步就是给软文取一个富有诱惑力、震撼力或神秘感的标题。例如，网易云音乐的软文标题《把乐评写在月亮上》，既充满诗意，又富有想象力。
- **紧跟时事热点**。软文营销紧跟时事热点，更容易获得用户的关注和热度，营销人员可以将热门事件、流行词、热点新闻等作为软文的写作题材。例如，蒙牛就借助世界杯的热度，发布了软文《青春不过几届世界杯，营养你的是哪一杯》，获得了较多关注。

- **排版清晰**。高质量的软文排版应该是严谨、有条不紊的，一篇排版清晰、版式优美的软文，不但会给用户美的享受，还能让用户清晰地把握软文脉络，易于理解和阅读。排版时需要做到上下连贯，最好为每一段话取一个小标题，突出重点，使用户一目了然。
- **广告融入自然**。广告要自然地融入软文中，因此，在写软文之前，营销人员就应当想好广告内容和目的。同时，广告的位置非常重要，营销人员最好把广告内容放在软文的第二段，让用户被第一段内容吸引后能够快速进入宣传的环境。

二、开展软文营销

软文营销策划是一项考验创意能力的工作，统领着软文营销的全局，在整个软文营销体系中居于中枢地位。在开展软文营销时，营销人员可以按照明确营销目的→明确实施策略→确定软文撰写角度→写作并发布软文的流程进行。

（一）明确营销目的

软文营销的常见目的包括树立品牌形象、带动销售、对竞争对手采取的策略做出回应、配合公司的重大战略部署等。在策划时，营销人员一定要先明确营销目的，如果品牌有多个目的，可以排出顺序，先后实现。

"鲜香乐果汁"开展软文营销的目的是维护与用户的关系、强化品牌形象，营销人员将根据这一目的开展软文营销。

（二）明确实施策略

明确营销目的后，营销人员就需要明确软文营销的实施策略，包括明确具体的营销策略、策略实施时间、软文投放渠道等。当然，这些可以根据预算灵活调整，但这3个要素都具备，营销人员才能更好地制定软文营销策划方案。常见的软文营销策略如表3-3所示。

表3-3 常见的软文营销策略

策略	详细描述	示例
概念策略	概念反映的是事物的本质，概念策略通过注意事物之间的共性，寻求一些共同的理念和思维方式等，并将其与用户需求匹配，从而引起用户的强烈关注和重视	舒肤佳由用户使用香皂去除污渍这一事件，找到了污渍与细菌之间的共性，提出了"除菌"这一概念
经验策略	利用心理学中的"互惠原理"，通过免费向用户分享经验，免费给予用户帮助，以达到感动用户并影响用户的目的。经验型软文的分享必须是无偿的，且经验应具有实用价值	格力根据用户使用空调时常遇到的问题，通过软文分享解决这些问题的方法，经验策略如图3-11所示

策略	详细描述	示例
技术策略	通过技术打动用户。技术应具有一定的先进性和创新性，能够真正帮助用户解决一些实际问题。在向用户描述技术时，应使用浅显易懂的语言和例子，让用户明白其基本原理以及带来的好处	海尔发布了介绍有关"热泵烘干关键技术研究及产业化"的软文，从节能、恒温、智能等方面讲解了该技术对用户的实际好处，技术策略如图3-12所示
权威策略	通过树立权威使用户信服。打造权威的方式主要有3种：一是凸显企业背景，如全球500强；二是展现产品的先进技术、优良品质或良好口碑等；三是凸显人的权威性，如品牌由某知名人物创办	某服饰网店在销售凉感裤时，在产品详情页中展示权威认证的相关资料

图3-11　经验策略　　　　　　　　　图3-12　技术策略

"鲜香乐果汁"的产品是果汁，而果汁的喝法多样，可以即开即喝，也可以冷藏后喝，还可以冷冻制成冰激凌等。在营销策略方面，营销人员将采用经验策略，写作关于"果汁的N种喝法"的软文，向用户分享相关小技巧。

在策略实施时间方面，营销人员将趁着用户带来的热度，尽快发布软文。在软文投放渠道方面，由于微博和小红书的主要内容表现方式为文字和图片，且用户使用它们的频率较高，因此营销人员将同时把软文投放在这两个平台上。

（三）确定软文撰写角度

此外，营销人员还要明确软文撰写角度。软文撰写角度既可以指文章的形式，也可以指对撰写思路的简单记录。只要前期调研充分，有了营销目的和策略，营销人员就能建立清晰的写作框架，迅速将软文撰写角度列出来，然后形成书面的软文营销策划方案。需要注意的是，软文营销策划方案必须与公司的发展战略相一致。

果汁的喝法多样，但不同时间段流行的喝法不同，据此，营销人员确定软文撰写角度为分享热门的果汁喝法及制作方法。营销人员将分析用户的购买反馈，并收集网络上的热门喝法，经验证后，在其中选择一些用户喜爱度高、热度高、趣味性强的喝法，并分享果汁的制作方法。

（四）写作并发布软文

营销人员需要运用一定的写作技巧写作软文，并发布软文。常见的软文写作技巧如下。

- **借势**。借势是软文写作的重要技巧。"势"的范围比较广泛，包括网络流行事物、娱乐新闻、社会事件、文化、节日等。
- **吸引用户注意力**。常见的方式是设计有吸引力的标题，如在标题中添加流行元素、提问、设置悬念或体现利益等；在软文中提供好处；运用新闻惯用词汇；体现新奇，引起用户的好奇心。
- **传递情感诉求**。情感一直是一种充满感染力的要素，是用户的精神所需，很容易就能触动用户的心。一般可以通过讲故事的方式传递情感诉求。
- **体现价值**。从满足用户需求的角度出发，在软文中体现出产品的功能价值和品牌价值。

果汁喝法的分享可以帮助用户获得更好的体验，进一步体现产品价值，营销人员将从体现产品价值的角度来撰写软文。图3-13所示为营销人员分享在微博上的软文部分内容。

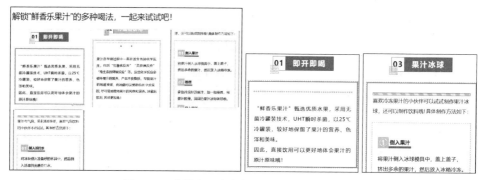

图3-13 营销人员分享在微博上的软文部分内容

 案例链接

世界睡眠日，水星家纺讲述城市不眠人的故事

3月21日为世界睡眠日，当其他品牌纷纷以"好好睡觉""不要熬夜""爱惜自己"等主题开展营销活动时，水星家纺却另辟蹊径，从主动不眠的主题切入，并将主动不眠这一行为升华为"守护"来开展软文营销。

水星家纺通过讲述出租车司机、外科医生、道路检查工、早餐店夫妻等的工作场景，展示这些城市守护者默默奉献的行为，传递出"你守护世界，我给予温暖"的品牌价值，引发大众对"不眠"的深层思考。以下为软文部分内容。

每当夜幕降临，城市安睡，有一些人在不起眼的角落开始了工作。

凌晨一点，赵师傅经常接到一上车就能睡着的人。

他希望又稳又快地送倦鸟归巢。

凌晨两点，城市可能会有各种突发情况，

只需一个电话，他们的守护立刻在线。

凌晨三点，为了让明日早高峰的通行更加通畅，他们在干道上做最后的冲刺。

同时，水星家纺还创作了科普性软文、条漫和微信图文，软文先通过科普的方式分析了失眠的原因，引起用户对助眠的求知欲，然后提出可行的提升睡眠质量的方法，强调优质床品对睡眠的重要性，最后引出产品，在无形中影响用户的购买行为。

案例思考：

（1）水星家纺的软文运用了什么写作技巧？

（2）水星家纺如何在软文中营销产品？

点评： 水星家纺借势世界睡眠日，将品牌价值和产品融入软文，不知不觉地影响用户对品牌的印象以及用户的购买行为，化无形为有形，在树立了良好形象的同时，也为用户购买品牌产品提供了动力。

任务七 借势营销

元旦临近，"鲜香乐果汁"准备开展为期3天的借势营销，以激活老用户，提高老用户的复购率，现要求营销人员根据营销目的开展借势营销。

微课视频：借势营销

一、借势营销的基础知识

借势营销将销售目的隐藏在营销活动中，将产品推广融入用户喜闻乐见的环境，使用户在该环境中了解产品并接受产品。借势营销可以起到实现广告效应、促进品牌传播和聚集粉丝的作用。开展借势营销前，营销人员需要先选择合适的"势"，即明确借势的对象，包括节气、节日、社会重点事件和热点等。

（一）节气

节气是指我国的二十四节气，包括立春、雨水、惊蛰、春分、立夏、小满、夏至、立秋、秋分、立冬、冬至等，每一个节气都有不同的习俗及文化，如冬至吃饺子或羊肉汤等。

节气与生活息息相关。因此，借助节气开展借势营销非常容易拉近品牌与用户之间的距离。不过，营销人员应该先查阅相关资料，了解节气对应的风俗习惯，避开忌讳，结合产品或品牌的特点开展借势营销。图3-14所示为不同手机品牌借势霜降节气发布的营销文案，它们将产品与霜降的主要元素柿子做了结合。

图3-14　不同手机品牌借势霜降节气发布的营销文案

（二）节日

节日也是较为常见的借势对象，因为节日受到广大用户的关注，且大部分节日都会有假期，用户拥有更多时间与精力浏览新媒体平台的内容，所以借势节日可以达到更好的营销效果。一般而言，借势营销常用的节日包括元旦、春节、元宵节、清明节、端午节、中秋节和国庆节等传统节日，以及电商行业形成的"6·18""双十一"等促销购物节。

需要注意的是，营销人员在借势节日时应考虑好品牌与节日之间的共通点，结合节日元素营销。例如，思念借助重阳节敬老和登高望远的习俗，开展了重阳节借势营销，图3-15所示为思念品牌借势重阳节发布的营销文案。

（三）社会重点事件

社会重点事件一般指能够产生重大影响，引起众多用户关注，容易抓人眼球的新闻事件。社会重点事件本身具有很强的传播性，能引起用户的广泛关注，营销人员如果将其运用好，就可以增加账号粉丝数，提高产品销量，树立良好的品牌形象。例如，世界杯备受关注时，不少品牌借势世界杯开展营销，图3-16所示为蒙牛借势世界杯发布的营销文案。

图3-15　思念品牌借势重阳节发布的营销文案　　图3-16　蒙牛借势世界杯发布的营销文案

（四）热点

热点就是在短时间内快速在网络上蔓延开，并在社会上引起广泛讨论的事件，其点击率较高，并且用户在各大新媒体平台上都能够看到关于此事的讨论，其热度持续时间通常较短。营销人员可以借助微博热搜榜、抖音热榜等查找热点，并对热点加以利用。

二、开展借势营销

开展借势营销需要借助一定的方法，营销人员需要根据具体需求进行选择，具体方法如下。

- **打造差异化**。在某一时间段内，借助的势都差不多，这导致不少品牌的借势营销都具有相似性。想要在众多营销信息中脱颖而出，吸引更多用户的注意，就必须要与其他品牌的营销信息形成差异，让用户能够对品牌产生印象，从而提升品牌的竞争力。
- **以用户为核心**。在营销时，营销人员必须以用户为核心，使借势营销的内容打动用户，保证品牌与用户之间的互动交流，进而扩大营销范围，增强营销效果。
- **服务于品牌战略**。借势营销要以提升品牌名誉度和用户忠诚度为目的，并服务于长期的品牌战略，而不是将眼光局限于当下，满足于一时获得的营销效果。

元旦寓意着新一年的开始，是一个非常重要的传统节日，因此借势元旦营销的品牌会比较多，这就需要营销人员选择较为新颖的切入点，以打造差异化内容。

在收集了与元旦有关的营销热点后，营销人员提炼出了较为常用的营销切入点：出行、跨年和焕新。为了打造差异化内容，营销人员决定结合此次借势营销的重点——激活老用户，从老用户的过节行为中寻找不同之处。最终，营销人员从"焕新"的反面出发，将"念旧"作为此次借势营销的切入点，通过展示老人对老物件的珍惜、父母多年来保留着同一个电话号码等场景，告知用户"不是所有旧的都要抛弃"，并通过"你在，我才安心"这一主题，传递"鲜香乐果汁"始终坚守本心的理念。图3-17所示为营销人员制作的借势元旦的海报。

图3-17　营销人员制作的借势元旦的海报

 案例链接

UC借势航天事业

截至2022年，我国航天事业已经走过了66个年头。随着我国载人航天技术的不断发展，我国的航天实力也越来越强，在推动我国科技进步、提升我国综合国力、增强民族自豪感和自信心方面起着促进作用。"神舟十三号"的返回、"神舟十四号"的发射等重大航天事件的发生，也让航天事业成为借势的焦点。

2022年6月5日，"神舟十四号"载人飞船发射成功。在这个历史性时刻，UC借助国人对航天事业的关注，推出了短片《飞向苍穹》致敬航天筑梦人。短片讲述了我国航天事业的发展历程，一播出就掀起了一股爱国浪潮，相关话题#有一种骄傲叫作中国航天#登上微博热搜。

除此之外，UC还做了多方面的准备。一是邀请了多位航天领域内的知名学者，打造了《当金观察》等一系列航天主题观察评论类节目，从多维度解读我国航天事业，帮助普通用户了解我国航天事业的发展。二是在"神舟十四号"发射当天，上线了"神舟十四出征"专题页，实时直播飞船发射实况，强化用户对其作为综合信息服务平台的认知。三是制作"探索宇宙空间"互动H5，让用户在自主探索中感受我国航天事业的实力。四是联合阿里巴巴公益、湖北省图书馆等，发起"飞向苍穹，益起筑梦"的航天科普公益活动，为贵州、湖北的山区学校建设图书馆，捐赠航天科普读物，在孩子们的心中埋下追逐"航天之梦"的种子。

案例思考：

（1）航天文化为什么会成为借势的焦点？

（2）UC是怎样让借势营销活动持续保有热度的？

点评： UC借势我国备受瞩目的航天事业，紧抓航天进步对国家、对民族的重要性，通过短片燃起国人的航天热情，并从"神舟十四号"发射成功这一重大社会事件出发，打造了相关短片和专题页，可以让营销活动持续保有热度。

任务八 IP营销

为了扩大品牌影响、提升品牌知名度，"鲜香乐果汁"计划开展IP营销，现要求营销人员为此次营销选择合适的IP，并为IP引流，最终实现变现。

微课视频：IP营销

一、IP营销的基础知识

IP是包括音乐、文学和其他倾注了创作者心血的词语、符号和设计等在内的，法律赋予创作者独享权利的作品。IP营销是指品牌通过打造独有的情感、情怀、情趣等品牌内容，持续输出价值，聚拢用户，使用户认同品牌的价值观，对品牌产生信任，以长期获得用户流量的营销方式。

一个有价值的IP能吸引更多用户关注品牌，扩大品牌的影响，对推广新产品、开展营销活动等都有正面作用。IP只有与用户产生情感共鸣才显得有价值，这就需要IP具备"有情""有趣""有用""有思"等特征。

- **有情**。IP可以与用户建立情感连接。
- **有趣**。IP可以和用户产生富有趣味的互动交流。
- **有用**。IP可以与用户进行知识上的分享沟通。
- **有思**。IP能够传达一种价值观。

二、开展IP营销

在开展IP营销时，营销人员首先需要塑造IP，然后通过各种方式传播IP，最终实现IP变现。

（一）塑造IP

塑造IP是IP营销的基础。在塑造IP时，营销人员可以从两个方面进行。一方面是将IP人格化，让IP"活"起来，使其便于识别，如选择能够代表品牌形象的卡通人物作为IP，通过文字、图片、视频等将情感投射到IP上，使IP像人一样具有情感。另一方面是寻找可以承载IP的载体，这一载体通常是产品或品牌。想要将产品或品牌打造成一大IP，就需要让产品或品牌具有一定的独特性。后者适合具有广泛用户基础的产品或品牌。

"鲜香乐果汁"可以选择从卡通形象果宝入手，通过打造短视频来展示品牌形象，塑造IP。营销人员发布了名为《果宝历险记》的系列短视频，通过果宝的历险经历传递品牌坚守本心的理念。

（二）传播IP

塑造IP后，营销人员还需要传播IP，以扩大IP的影响，增加用户数。营销人员可以从以下两个方面入手。

1．输出内容

输出内容时，营销人员可以针对IP本身进行输出，也可以联合其他IP。例如，故宫本身就是一个大IP，营销人员不仅通过发布相关纪录片等开展营销，还与其他品牌进行联名合作，持续输出故宫文化。需要注意的是，在进行内容输出时，营销人员需要不断创新，否则用户就会产生审美疲劳，从而流失。

除了发布与果宝相关的短视频，营销人员还将短视频中的有趣内容剪辑出来，促进二次传播，并结合社会热点，不断添加、延伸与果宝相关的新话题，如"果宝的冬至"等。

2．引流

IP是自带流量的，几乎不会受到媒体、平台和行业的限制，可以无限延展。所以在开展IP营销时，营销人员可以通过不同的渠道进行联合营销，提升内容的价值，实现全方位的引流。但在进行多渠道营销时，营销人员应坚守原有的用户定位，充分考虑不同平台用户的需求和喜好。

"鲜香乐果汁"的目标用户多使用微博、抖音、哔哩哔哩、小红书，因此，营销人员准备同时在这几个平台推广引流：一方面在官方账号发布相关的内容，并鼓励粉丝二次创作；另一方面邀请达人制作相关的内容发布到平台中，以吸引更多的用户。同时，营销人员还为果宝创建了微博账号，通过该账号与用户互动。

（三）实现IP变现

常见的IP变现方式有出售衍生品（见图3-18）、售卖IP联名产品（见图3-19）等。例如，北京环球影城不仅通过售卖门票变现，还通过销售衍生品变现，如影视人物同款服装、配饰等。

为了实现IP变现，营销人员准备围绕果宝开发一系列衍生品，如手机壳、帆布袋、马克杯、抱枕、玩偶、钥匙扣等，并在网店中开辟一个专区售卖这些产品。

图3-18　出售衍生品　　　　图3-19　售卖IP联名产品

案例链接

故宫IP营销，让文化不再只是符号

近年来，在中国传统文化备受关注的大背景下，不少博物院开始挖掘文化藏品背后的故事，以文物为IP开展IP营销，通过一种更加生动的方式输出和传承中国传统文化。故宫博物院就是其中的佼佼者。

故宫博物院是我国最大的古代文化艺术博物院，收藏了多件珍贵文物，在1987年被列入《世界遗产名录》。故宫博物院因其厚重的文化底蕴在大众心中一直以严肃庄严的形象存在。2014年，故宫淘宝在微信公众号发布了营销文案"雍正：感觉自己萌萌哒"。文案中，雍正帝一改以往严肃的形象，变得活泼、有趣起来，这种强烈的反差让用户大呼新鲜，也让故宫博物院的形象变得鲜活起来。图3-20所示为"雍正：感觉自己萌萌哒"部分文案。

2016年，故宫博物院与腾讯NEXT IDEA合作，发布了"穿越故宫来看你"H5（见图3-21），再次通过制造反差让故宫博物院年轻化，并由此走进了大众视野。自此之后，故宫博物院开启了IP营销之路。除了文案、H5等，故宫博物院也通过《我在故宫修文物》等纪录片、《故宫回声》等漫画传播IP，让故宫IP的形象更加立体。同时，在IP变现方面，故宫博物院开发了众多IP衍生品，如兔儿爷陶瓷卡通餐具、角楼立体创意便签、故宫输入法皮肤等，在变现的同时也让中国传统文化走进了用户的生活，让中国传统文化迸发出了新的生机与活力。

图3-20　"雍正：感觉自己　　　图3-21　"穿越故宫来看你"H5
萌萌哒"部分文案

案例思考：

（1）故宫是如何借助IP进行内容输出的？

（2）故宫是如何将IP变现的？

点评： 故宫博物院既是一个文化宝库，也是一个巨大的IP集合库，其以文物为IP载体，以影视、文案、H5等为传播方式，以衍生品为变现方式，实现了对IP的成功营销，也为其他中国传统文化的"焕新"提供了思路。

任务九　跨界营销

随着"鲜香乐果汁"知名度的提升，不少品牌开始谋求与其合作。"鲜香乐果汁"也计划开展跨界营销，实现营销效果的最优化，现要求营销人员根据品牌的实际情况开展跨界营销。

微课视频：跨界
营销

一、跨界营销的基础知识

跨界营销是指某品牌联合非该品牌所在行业的另一品牌，推出与另一品牌主营业务相关的产品的一种营销方式。当一个文化符号无法诠释一种生活方式或再现一种综合消费体验，而几种文化符号联合就可以更好地诠释和再现它们时，跨界现象就会出现。

跨界营销不是简单的联合销售，营销人员在开展跨界营销前，需要明确其原则，以免实施不当，无法达到预想的效果。

- **资源匹配**。跨界营销双方需要在品牌、实力、营销思路、能力、用户群体和市场地位等方面都具有能够发挥协同作用的共性和对等性。

- **品牌效应叠加**。跨界营销应当能够实现双赢，这就要求两个品牌可以相互补充，以扩大品牌优势，达到更好的营销效果，丰富品牌内涵，提高品牌的整体影响力。

- **用户群体一致**。跨界营销双方由于行业、品牌及产品的不同，会存在用户群体的差异。如果希望取得更好的营销效果，那么营销人员在挑选跨界营销的合作对象时，就需要选择用户群体有一致性或有部分用户群体重合的品牌。

- **品牌非竞争**。跨界营销双方应该是互惠互利、互相借势增长的共生关系，这就要求跨界营销双方之间不具备竞争关系。

- **以用户为中心**。跨界营销应该以用户为中心，关注用户的需求，提供用户需要的产品或服务，强调用户的体验和感受，这样才能使跨界营销的效果更好，更迅速地达到营销的目的。

- **用户体验互补**。跨界营销双方的产品都是能够独立存在的，而跨界营销又以用户为中心，这就要求跨界营销的双方能够在用户体验上互补，谋求共同发展的基础。

- **品牌理念一致**。跨界营销双方的品牌理念应具有某些相同点。只有双方的品牌理念具有一致性，跨界营销才能使用户在看到一个品牌时，联想到另一个品牌，将两个品牌关联起来。

二、开展跨界营销

由于品牌的关联程度不同，开展跨界营销的方式就会有所不同。营销人员应当根据品牌的关联程度，先选择适合开展跨界营销的合作品牌，再选择合适的跨界营销方式，最后落实跨界营销。

（一）选择合作品牌

开展跨界营销的品牌应当做到"和而不同"，"和"即有相似的目标用户群体、相似的品牌级别，"不同"即营销渠道或产品形态、产品调性、产品使用场景等存在一定的差别，这样才能使跨界营销具有一定的话题度和新鲜感。

因此，营销人员在选择合作品牌时，选择了一个实力相当、用户群体相似，但产品形态不同的睡衣品牌。

（二）选择跨界营销方式

常见的跨界营销方式主要有两种：一种是通过内在联结点开展跨界营销，另一种是通过制造反差开展跨界营销。营销人员可以根据需要选择合适的跨界营销方式。

1．通过内在联结点开展跨界营销

要想开展一次成功的跨界营销，营销人员需要先梳理清楚品牌之间的内在联结点，以便让跨界营销达到"1＋1＞2"的效果。一般来说，品牌之间的内在联结点主要有3种，如表3-4所示。

表3-4 品牌之间的内在联结点

项目	详细描述	示例
元素联结	将两个品牌之间的某种关键性元素进行联结，达到相互强化的效果。在选择元素时，营销人员应对跨界营销双方的品牌或产品分别进行分析，然后从中挑选出与自身品牌或产品具有相似性，或能够联合起来的元素	摄影品牌海马体与美妆品牌花西子以妆容元素为联结点，开展跨界营销，共同推出"新古风"花颜妆
场景联结	将两个品牌之间的使用场景进行联结，为场景赋予新的价值。在进行场景联结时，营销人员可以考虑两个品牌分别会出现在哪些场景中，然后从中选择具有相似性的场景进行联合	某快餐品牌和某博物馆合作，以用餐场景和馆藏名画《岁朝欢庆图》中的宴会场景为联结点，共同推出印有《岁朝欢庆图》的限定包装
次元联结	将现实世界中的品牌与虚拟世界相联合，其中"次元"泛指动漫、漫画等作品中的虚拟世界。需要注意的是，在进行次元联结时，营销人员需要考虑产品或品牌的特点，选择适合品牌的影视剧等，不能随意联结，以免造成用户的视觉疲劳，导致用户对品牌产生反感	某彩妆品牌和某动漫公司合作，推出了包装上印有动漫角色的口红

就元素来看，一个是果汁品牌，另一个是睡衣品牌，其产品分别用于饮用和穿着，因此，双方可以以用户为内在联结点开展跨界营销，如推出印有果宝形象的睡衣、印有果汁包装的睡衣，或者印有睡衣品牌标志的饮品等。

2．通过制造反差开展跨界营销

跨界营销的本质是利用不同品牌之间的"化学反应"制造话题，而能够制造话题的跨界品牌之间往往都具有反差感，能够引发用户的想象和讨论。如果合作品牌之间关联不大，或看起来似乎是对立冲突的，就可以通过制造反差，引起讨论，开展跨界营销。例如，口腔护理品牌好来和大型零售品牌全联开展跨界合作，推出了一款牙膏蛋糕，非常新奇和有创意。

（三）落实跨界营销

跨界营销的落实主要有3种方式：一是推出定制款产品（即跨界产品），二是联合开展快闪（多人在指定地点、指定时间不约而同地采取同一系列指定行为）活动，三是开展资源技术合作。其中，第一种落实方式的使用更为普遍。

从获利的情况来看，营销人员更倾向于推出定制款产品。最终，与睡衣品牌商议后，"鲜香乐果汁"决定与其联合推出印有果宝形象的睡衣。

 案例链接

喜茶与《梦华录》跨界联名

我国是茶的故乡，茶文化源远流长，距今已有几千年的历史。随着茶文化的发展，新式茶饮也逐渐出现，并由此诞生了许多主打新式茶饮的奶茶品牌，喜茶就是其中一个。

2022年，喜茶宣布与热门电视剧《梦华录》联名，以电视剧中展示的传统茶文化为灵感，推出主题为"梦华茶喜·点茶"的联名奶茶（见图3-22）。联名奶茶一经推出就受到了用户的热烈欢迎，推出首日就售出了30万杯，单家门店销售最多的接近1000杯。

除了联名奶茶，喜茶还推出了相同主题的线下主题店（见图3-23）、IP联名周边、线下快闪等创意联名活动。话题#喜茶梦华录联名#也登上微博热搜，截至2022年12月，该话题已有9649.2万人次的阅读量，约4万人次的讨论量。同时，在微博、小红书、抖音等平台中，还可以看到不少用户分享的购买联名奶茶（见图3-24）或"打卡"主题店的内容。在各式活动的助推下，联名奶茶首周的销量突破了140.4万杯。

图3-22 联名奶茶

图3-23 线下主题店

图3-24 联名奶茶购买分享

案例思考：

（1）案例中的跨界营销借助什么元素联结两个品牌？

（2）案例中是如何落实跨界营销的？

点评：喜茶与热门电视剧的跨界联名，既是一次跨界营销，又是一次新式茶饮文化与传统茶文化的碰撞，很好地让用户感受和体验了传统茶文化。

📈 任务实训：策划新品营销方案

【实训背景】

"农禾"即将推出新产品——铁皮西红柿，该产品区别于市场上的普通西红柿，更加脆甜多汁。为提高铁皮西红柿的热度，促进销售，"农禾"要求郝安为其策划营销方案。于是，郝安收集了与铁皮西红柿相关的产品信息（见表3-5）和其他信息。在收集信息的过程中，郝安发现用户非常看重产品的营养价值，愿意为质优价高的产品买单，并且愿意尝试新奇的产品，在发布预告后就有不少用户表示期待新产品。在"农禾"推出铁皮西红柿的前一天，执行"神舟十三号"飞行任务的航天员返回地球后的第一餐中就出现了铁皮西红柿。"草莓味的西红柿"这一形容引起了广大用户对铁皮西红柿的好奇，也成功让铁皮西红柿在网络上走红。在小红书上，关于铁皮西红柿的笔记已经有3000多篇，很多笔记都提到了铁皮西红柿与众不同的外表。

表3-5　铁皮西红柿产品信息

项目	详细描述
产品名称	铁皮西红柿（又名草莓西红柿）
数量	首批1000千克
价格	1.5千克（净重），48元；2.5千克（净重），80元
产品图片	
口感	皮脆肉厚、酸甜爽口、细腻多汁
卖点	依赖高盐碱地种植，较为稀少；原生态种植，泉水灌溉；自然成熟，现摘现发；果形饱满，颜色鲜艳，红绿相间；富含多种维生素和其他营养成分

【实训要求】

（1）从产品信息、营销环境两个方面分析可以开展哪些营销。

（2）初步形成营销方案，方案中需包含营销目的、营销方式。

【实训过程】

步骤01 ▶ 分析产品信息。从产品信息中可以得知，铁皮西红柿对种植条件要求高，较为稀有，且首批数量少；价格偏高，营养价值高，外形奇特。由此可以从产品首批数量和质优价高出发，开展饥饿营销，强调产品的优质和稀少。

步骤02 ▶ 分析营销环境。从营销环境来看，执行"神舟十三号"飞行任务的航天员返回地球后的第一餐让铁皮西红柿走进大众视野，铁皮西红柿拥有非常高的热度。由此，郝安可以借助这一社会重点事件开展借势营销，如借助"航天员返回地球的第一餐""草莓味的西红柿"的热度，营销新产品。

步骤03 ▶ 确定营销方式。为了尽可能地促进产品的销售，可以同时采用多种营销方式，如同时采用饥饿营销、口碑营销、借势营销等。

步骤04 ▶ 形成营销方案。完成分析并确定营销方式后，最终形成营销方案。郝安策划的铁皮西红柿营销方案如表3-6所示。

表3-6　郝安策划的铁皮西红柿营销方案

项目	详细描述
营销目的	促进产品的销售
目标用户群体	偏好营养价值高的产品，且喜好新奇产品的用户
营销主题	你吃过草莓味的西红柿吗
营销方式	饥饿营销、口碑营销、借势营销
具体实施	第一步：在微博中发布预热文案和短视频，文案从航天员返回地球后的第一餐出发，引导用户思考"草莓味的西红柿是什么样子的"，进而关注铁皮西红柿；在短视频中介绍新产品的卖点 第二步：上架铁皮西红柿，在详情页中使用"数量少、先到先得"等词语强调铁皮西红柿的稀少 第三步：发布铁皮西红柿上架信息并参与微博话题#草莓味西红柿#和#航天员同款草莓味西红柿#，发起抽奖活动，为中奖者赠送1.5千克装铁皮西红柿1份 第四步：在微信公众号开展铁皮西红柿表情包制作大赛，鼓励用户使用铁皮西红柿制作表情包并在微信朋友圈分享，最终评选出最具创意的5名用户，为其赠送1.5千克装铁皮西红柿1份

📐 知识巩固 ●●●●●

1. 选择题

（1）【单选】口碑营销的类型包括（　　　）。

　　A. 经验性口碑营销、继发性口碑营销、无意识口碑营销

　　B. 直接性口碑营销、间接性口碑营销、无意识口碑营销

　　C. 感受性口碑营销、后发性口碑营销、有意识口碑营销

　　D. 经验性口碑营销、继发性口碑营销、有意识口碑营销

（2）【单选】通过内在联结点开展营销的方式是（　　　）。

　　A. 借势营销　　B. 互动营销　　　C. 跨界营销　　　D. 情感营销

（3）【单选】在文案中展示先进技术的营销方式是（　　　）。

    A. 软文营销　　　B. 情感营销　　　C. 口碑营销　　　D. 饥饿营销

（4）【单选】以下属于将IP人格化的是（　　　）。

    A. 通过影视打造可以代表品牌形象的人物IP

    B. 将产品符号化

    C. 将品牌创始人作为IP

    D. 通过产品承载IP

（5）【多选】情感营销中传递情感的方式包括（　　　）。

    A. 定制设计　　　　　　　　　　B. 对产品进行情感包装

    C. 发布广告语　　　　　　　　　D. 场景连接

（6）【多选】事件营销中的事件类型有（　　　）。

    A. 体育事件　　　　　　　　　　B. 名人事件

    C. 实事事件　　　　　　　　　　D. 社会灾难事件

（7）【多选】借势营销可以选择（　　　）作为借势对象。

    A. 节气　　　　　　　　　　　　B. 节日

    C. 社会灾难事件　　　　　　　　D. 热点

（8）【多选】开展饥饿营销，可以通过（　　　）等方式引起用户关注。

    A. 免费　　　　　　　　　　　　B. 赠送

    C. 1元购　　　　　　　　　　　D. 限制优惠产品的数量

2．判断题

（1）饥饿营销的最终目的是维持较高售价。　　　　　　　　　　　（　　　）

（2）IP人格的载体即IP的载体。　　　　　　　　　　　　　　　（　　　）

（3）情感是情感营销的基础。　　　　　　　　　　　　　　　　　（　　　）

（4）开展跨界营销的品牌应当做到"兼容并包"。　　　　　　　　（　　　）

（5）借助社会重点事件开展营销的一定是借势营销。　　　　　　　（　　　）

（6）软文营销策划方案必须与公司的发展战略一致。　　　　　　　（　　　）

3．简答题

（1）简述口碑营销的过程。

（2）简述互动营销的具体方式。

（3）简述事件营销的特点和流程。

（4）简述饥饿营销的技巧和流程。

（5）简述跨界营销的原则和流程。

（6）简述IP营销的流程。

（7）简述软文营销的要素和流程。

（8）简述情感营销的流程。

4．实践题

（1）为女装品牌"轻敲"策划口碑营销方案，该品牌的理念为"因个性而珍贵"。该品牌因设计小众、产品质量好而深受女性用户喜爱，主要用户为20~35岁的女性，这些用户追求独立的生活方式，重视自我价值和个性。

（2）为女装品牌"轻敲"策划情感营销方案，要求营销主题贴合用户的价值主张，体现品牌理念。

（3）女装品牌"轻敲"准备在春节发布新品，新品的主题为"春韵"，主色为青色和白色。请你为该品牌策划借势营销方案。

（4）为提升新品的价值，女装品牌"轻敲"准备先发布少量的新品现货，首批3000件，且购买首批现货的用户可以获得随机小礼品，销售其余批次将不再发放小礼品。请你为该品牌策划饥饿营销方案。

项目四

微信营销

项目背景

　　微信是重要的新媒体营销平台，微信营销主要包括微信个人号营销和微信公众号营销两种方式。本项目将以"寻境"旅行社的微信个人号营销与微信公众号营销为例，系统介绍微信营销的方法。

知识目标

- 掌握微信个人号的营销方式。
- 掌握微信公众号的营销方式。

技能目标

- 能够开展微信朋友圈营销，并学会推广微信个人号。
- 能够写出优秀的微信公众号营销文案，开展微信营销活动。

素养目标

- 培养文明互动、理性表达的良好习惯。
- 遵守法律法规，不发布虚假信息。
- 坚持原创，不剽窃他人的创作成果，并学会维护自己的合法权益。

任务一 微信个人号营销

"寻境"是一家旅行社，主要目标用户是一至三线城市、18～45岁、热爱旅行的用户，品牌宣传语是"寻游九州，境享旅行"。为进一步营销品牌，及时向用户传递营销信息，"寻境"让营销部门开设了微信个人号"寻境旅行社-唐里"（唐里是负责该微信个人号的营销人员）。现要求营销人员通过该微信个人号开展营销工作，添加更多的潜在用户并做好与用户的沟通，然后通过微信朋友圈发布营销信息，并通过多个平台将微信个人号推广给更多用户。

一、微信个人号的组成

微信个人号有着双重功能：一是充当自我介绍时所用的"名片"，二是可以用来开展营销活动。在开展营销活动前，营销人员需要先明确微信个人号的组成，包括头像、名字和个性签名等，以便准确地将品牌信息展示给用户。图4-1所示为"寻境"开设的微信个人号。

图4-1 "寻境"开设的微信个人号

（一）头像

头像代表微信个人号持有者的形象，应清晰自然、与职业匹配。

- **清晰自然**。一般以个人照片、特色标志、品牌Logo等作为头像，且应保证背景干净、色彩对比明显、比例适宜。
- **与职业匹配**。头像应与个人的专业、品牌形象挂钩，一般选择与职业有关的图片。

"寻境"的微信个人号使用品牌Logo作为头像，背景为白色，品牌Logo为深蓝色、灰色和黑色，这样不仅保证了背景干净，还能清晰直观地展示品牌Logo，且品牌Logo中的山、水等元素与旅行社的形象十分契合。

（二）名字

微信个人号的名字应清楚交代微信个人号持有者的身份，且字数不能过多，拼写要简单，不宜使用繁体字、生僻字、外国文字等不便于记忆的文字。另外，微信个人号还可以添加"个人特征"（如兴趣、职业）或"实名"（持有者的真实姓名），以展现个人信息。

"寻境"的微信个人号"寻境旅行社-唐里"简单明确地指出了该微信个人号的

持有者为"寻境"的员工，同时还以"实名"传递出了营销人员的真实身份信息，不仅便于记忆，还能给用户信任感和真实感。

（三）个性签名

个性签名主要用于展示个人的个性特点、情感态度等，一般不直接使用僵硬直白的广告语，否则容易影响好友申请通过率，给用户留下不好的印象。

"寻境"的微信个人号采用品牌宣传语作为个性签名，且宣传语中的"境"为"尽"的谐音，生动形象地传达了"寻境"的品牌理念。

 **专家指导**

> 微信个人号的头像、名字的设置十分简单，只需要在微信个人账号界面点击头像、名字并完成相应操作即可。设置个性签名则需要点击"更多信息"选项，在打开的"更多信息"界面中点击"个性签名"选项并完成相应操作。

二、添加与管理微信好友

微信好友是利用微信个人号开展营销的基础，只有拥有了人际关系，微信个人号营销才可能持续下去。因此，营销人员可以通过多种途径尽可能多地添加微信好友，并且，为了更好地区分不同需求的微信好友，开展有针对性的营销，营销人员还可以为微信好友设置备注和分组。

（一）添加微信好友

添加微信好友通常有主动添加和被动添加两种方式：主动添加包括通过手机通信录添加和通过社群添加，被动添加主要有扫描二维码添加等。营销人员准备先将手机通信录中的用户添加为微信好友，然后下载微信个人号二维码图片，进入与旅行相关的QQ群，将群成员转化为微信好友。具体操作如下。

微课视频：添加微信好友

步骤01▶进入微信主界面，点击界面右上角的⊕按钮，在打开的下拉列表中点击"添加朋友"选项，如图4-2所示。

步骤02▶打开"添加朋友"界面，点击"手机联系人"选项，如图4-3所示。

步骤03▶在打开的界面中查看手机通信录中的联系人，点击需要添加的联系人名称后的 添加 按钮，打开"申请添加朋友"界面，在"发送添加朋友申请"文本框中输入对应的内容，这里输入"您好，这里是寻境旅行社"，如图4-4所示。

步骤04▶点击界面底部的 发送 按钮，如图4-5所示，待手机联系人通过申请后，即成功添加好友。

步骤05▶返回微信主界面，点击界面底部的"我"选项，在打开的界面中点击头像所在栏，打开"个人信息"界面，点击"二维码名片"选项，如图4-6所示。

步骤06▶在打开的界面中可以看到二维码，点击"保存图片"选项下载微信个人号二维码图片。

图4-2　点击"添加朋友"　　图4-3　点击"手机联系人"　　图4-4　申请添加朋友
　　　　　选项　　　　　　　　　　　选项

图4-5　点击"发送"按钮　　　　图4-6　点击"二维码名片"选项

🎓 **专家指导**

　　将二维码面对面展示给他人，他人扫码后也可添加好友。另外，下载的二维码图片可以应用于线上、线下场景，如宣传海报、网页、短视频、社群等，或者用于线下店铺活动、线下聚会等。

步骤 07 ▶登录QQ，在QQ主界面顶部点击搜索框，在打开的界面中点击"找人/群"按钮⊗，如图4-7所示。

步骤 08 ▶在打开的"查找"界面的搜索框中输入"旅行"，点击键盘中的 搜索 按钮，如图4-8所示。

步骤 09 ▶打开搜索结果界面，点击"查找群"选项右侧的"更多"选项，如图4-9所示。

步骤 10 ▶在打开的界面中查看所有搜索结果，然后点击 加入 按钮，如图4-10所示。

步骤 11 ▶在打开的提示对话框中输入验证信息后点击 发送 按钮，如图4-11所示，待审核通过后即可加入社群。

图4-7　找人/群

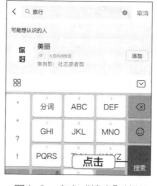

图4-8　点击"搜索"按钮

图4-9　点击"更多"选项

图4-10　加入群

图4-11　点击"发送"按钮

步骤12 ▶ 与其他群成员交流，待与群成员有一定了解后，再分享微信个人号二维码，引导群成员添加，此时添加好友通过率更高，好友质量也更高。

🎓 **专家指导**

> 　　除了QQ群，营销人员还可以在微博、论坛、贴吧等平台搜索目标群，并在群中分享与行业相关的趣事和实用知识，取得群成员的好感后，再引导群成员添加微信个人号。

（二）管理微信好友

　　添加微信好友后，还需要为微信好友设置备注和标签，以便更好地管理微信好友，开展营销工作。营销人员准备将微信好友的备注统一为"名字-性别"的格式，并按照好友的旅行偏好设置标签，具体操作如下。

微课视频：管理
微信好友

步骤01 ▶ 点击微信主界面底部的"通信录"选项，打开"通信录"界面，如图4-12所示。

步骤02 ▶ 点击微信好友，打开微信好友详细信息界面，点击"设置备注和标签"

选项，打开"设置备注和标签"界面，在"备注"文本框中输入备注，如图4-13所示。

步骤03 ▶点击"添加标签"选项，打开"从全部标签中添加"界面，点击 ➕新建标签 按钮，如图4-14所示。

图4-12 "通信录"界面

图4-13 输入备注

图4-14 新建标签

步骤04 ▶打开"新建标签"对话框，输入标签名称，如图4-15所示。

步骤05 ▶继续新建标签，然后在其中选择适合好友的标签，待标签呈绿色显示在"选择或搜索标签"栏中，点击 保存 按钮完成设置，如图4-16所示。完成后将自动跳转回"设置备注和标签"界面，界面中将显示为好友选择的分组，点击界面顶部的 完成 按钮即可。

步骤06 ▶返回"通信录"界面，点击"标签"选项，打开"通信录标签"界面。点击任一标签，点击 ➕ 按钮，打开"选择联系人"界面，选择适合这一标签的好友，点击 完成 按钮，再点击 保存 按钮即可完成设置，如图4-17所示。使用相同的方法用另一个标签为好友分组。

图4-15 输入标签名称

图4-16 选择标签

图4-17 用标签为好友分组

 专家指导

> 如果同一标签下的微信好友大多来自同一个微信群，可在"选择联系人"界面中点击"从群里导入"选项，然后点击不符合该标签描述的好友的头像，取消选中该好友，再设置标签。

三、微信好友互动

营销人员与微信好友互动不仅可以加强与微信好友之间的联系，还可以提升微信好友参与营销活动的积极性。在添加微信好友并为其分组后，营销人员还要与微信好友互动，向新添加的微信好友打招呼，不定时地发送互动信息，并点赞、评论或转发微信好友发布在朋友圈中的内容，获得微信好友的好感，为后续开展营销奠定基础。

具体操作为：在"通信录"界面点击微信好友头像，在打开的界面中点击"发消息"选项，打开聊天界面，发送问候信息（如节日祝福、关怀信息等），如图4-18所示；在聊天界面点击微信好友的头像，在打开的微信好友信息界面中点击"朋友圈"选项，在打开的界面中选择合适的朋友圈信息点赞（见图4-19）或评论。

图4-18　主动发送问候信息

图4-19　为朋友圈信息点赞

四、微信朋友圈营销

微信朋友圈是微信个人号营销的重要阵地，也是用户获取营销信息的重要途径。要想取得良好的营销效果，营销人员还需要在微信朋友圈中进行营销，通过发布旅游感想和照片等，吸引微信好友的目光，再展示旅游产品信息，让微信好友知晓参与相关活动的条件。

（一）明确营销目的

明确营销目的有利于指引营销方向，保证营销活动的正常运转。目前，"寻境"推出了三亚5天4晚的旅游产品，营销人员需要在微信朋友圈营销该产品，并借此提升品牌的知名度，进而带动其他旅游产品的销售。

（二）确定营销方法

微信朋友圈是一个较为私密的空间，只有微信好友才能看到彼此的微信朋友圈信息，在微信朋友圈发布产品营销信息可能会让微信好友反感。因此，营销人员需要采用一定的营销方法，让微信好友更容易接受自己发布的营销信息。常见的微信朋友圈营销方法如下。

- **融入生活**。将营销信息融入日常生活，通过微信朋友圈分享生活趣事、感悟，对产品进行营销，如图4-20所示。
- **借用热点**。通过微信朋友圈发布带有热点事件的信息，可以吸引微信好友查看，如图4-21所示。

- **开展营销活动**。在微信朋友圈中开展"点赞+转发"、试用（产品或服务）等活动，可以通过活动优惠信息减轻好友的反感，并吸引好友查看。其中，"点赞+转发"活动需参加者满足一定的条件才能获得福利，如图4-22所示。

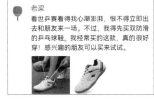

图4-20　融入生活　　　　图4-21　借用热点　　　　图4-22　"点赞+转发"活动

由于旅游产品与用户的日常生活紧密相连，因此，营销人员准备将旅游产品融入生活，借助对旅行感悟的分享来对产品进行包装。

（三）准备营销信息

营销人员需要准备好营销信息，包括产品信息和营销文案。表4-1所示为三亚5天4晚旅游产品信息。

表4-1　三亚5天4晚旅游产品信息

项目	详细描述
时间	10月1日—10月5日
价格	1599元
费用包含项目	接送机+酒店+门票+车费+餐（4早1晚）+导游
跟团人数	上限为21人
特别注意	零购物、纯玩
产品图片	  

由于该旅游产品的适用时间是国庆期间，并且用户普遍对国庆出游有较大的兴趣，因此营销人员决定融入国庆热点，以分享感悟的方式撰写营销文案，具体内容如下。

世界不是用来看的，
而是用来走的。
走得远一点，才能离它更近一点，
一直到，天涯海角。
国庆三亚5日游，5天4晚纯玩儿，
有一起出发的小伙伴吗？
感兴趣的话可以联系我哦！

（四）发布营销信息

做好所有准备工作后，营销人员就可以发布营销信息了。由于该旅游产品的规划路线涉及的人文景观偏多，营销人员准备将营销信息推送给偏好人文景观的好友组别，以实现精准营销，具体操作如下。

微课视频：发布营销信息

步骤01▶打开微信主界面，点击"发现"选项，打开"发现"界面，点击"朋友圈"选项，在打开的界面中点击右上角的◙按钮，在打开的面板中点击"从相册选择"选项。

步骤02▶在打开的界面中选择准备好的产品图片（配套资源：\素材\项目四\三亚\），点击 完成(3/9) 按钮完成图片的上传，如图4-23所示。

步骤03▶打开编辑界面，输入微信朋友圈营销文案，如图4-24所示。点击"谁可以看"选项，在打开的界面中点击"部分可见"选项，再点击"选择标签"选项，然后在打开的"选择标签"界面中点击"偏好人文景观"单选项，依次点击 选择 与 完成 按钮完成选择。

步骤04▶返回编辑界面，界面中"谁可以看"栏下方将显示选择的标签。点击 发表 按钮，完成营销文案的发布，发布效果如图4-25所示。

图4-23　选择图片

图4-24　输入营销信息

图4-25　发布效果

专家指导

分组发布营销信息，可以将营销信息精准地推送给对应组别的用户，这样不仅能够极大地提高产品的成交率，还能降低营销信息出现在用户微信朋友圈中的频率。

五、推广微信个人号

有时候，仅在一个平台开展营销很难达到预期的营销效果，为了扩大营销的影响，营销人员需要在多个平台推广微信个人号，将其他平台的用户引流到微信中。营销人员可以在抖音、微博等平台的官方账号简介中添加微信个人号信息，以便用户根据信息自主搜索并添加微信好友，如图4-26所示。

图4-26　在抖音、微博等平台的官方账号简介中添加微信个人号信息

除此之外，营销人员也可以在其他平台发布旅游相关信息，引导用户关注微信个人号。例如，在知乎中发布关于旅游的问题，或者在他人有关旅游的提问下方进行回答。

 案例链接

瑞幸，从门店到微信的闭环营销

随着用户饮食观念的改变，咖啡逐渐受到不少用户的喜爱，艾媒网《2022—2023年中国咖啡行业发展与消费需求大数据监测报告》显示，2021年中国咖啡行业市场规模达3817亿元，而这可观的销售数据中，有不少来自瑞幸。

瑞幸的成功离不开其微信的闭环营销。瑞幸的关键流量渠道是门店，这些门店都分布在核心商圈，人流量大，这为瑞幸积累用户资源提供了便利。用户在瑞幸门店下单时，门店工作人员会用进群领取福利的方式引导用户添加企业微信号。用户添加企业微信号后，该企业微信号会在第一时间向用户打招呼，并把福利折扣信息以及获取福利的方式告知用户，如图4-27所示，以尽可能地留存用户。这样，用户在领取福利之后又可在门店消费，进而形成一定程度上的闭环。同时，企业微信号还会在朋友圈发布产品上新、营销活动等信息，如图4-28所示，进一步提升用户对瑞幸的熟悉程度。

 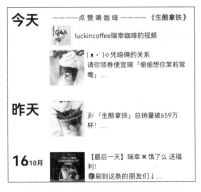

图4-27　瑞幸企业微信号发送的消息　　　　图4-28　在朋友圈发布营销信息

案例思考：

（1）实体店怎么借助微信开展营销？

（2）微信在营销信息的传递方面具有什么优势？

点评： 有实体店的品牌如何尽可能地留住用户呢？我们从瑞幸身上可以找到借鉴思路，即将门店用户引流到微信，然后依托微信与用户互动、向用户发送营销信息，从而打破时间和空间的限制，尽可能地将营销信息传递给用户。

任务二 微信公众号营销

随着业务发展的需要，"寻境"开设了微信公众号"寻境旅行社"（类型为订阅号），通过微信公众号发布推文详细介绍旅游产品、服务等信息。近日，"寻境"准备售卖云南西部7日游产品，要求营销人员为该产品撰写微信公众号营销文案，并据此开展营销活动，以调动用户购买产品的积极性。

一、微信公众号的类型和构成

当前，微信公众号主要有4种类型，分别是服务号、订阅号、小程序和企业微信，它们的特点、主要功能、适用对象均有差异，如表4-2所示。

表4-2 微信公众号的类型

账号类型	特点	主要功能	适用对象
服务号	具有用户管理和提供业务服务的能力，每月可群发4条消息	服务交互	有开通微信支付、销售产品等需求，服务需求大的媒体、企业、政府或其他组织
订阅号	具有发布和传播信息的能力（类似报纸、杂志，提供新闻信息或娱乐资讯），每天可群发1条消息	传达资讯	只想简单发送消息、宣传推广的个人、媒体、企业、政府或其他组织
小程序	是一种开放功能，不用下载，可以在微信内实现便捷地获取与传播信息	建立联系	有服务内容的个人、媒体、企业、政府或其他组织
企业微信	可以充当企业办公管理工具和客户管理工具，可与微信消息、小程序、微信支付等协同使用	企业管理和沟通、客户管理	有内部通信和客户管理需求的公司等

"寻境"开通微信公众号的主要目的是介绍旅游产品和旅游服务等，因此其选择了订阅号。开通微信公众号后，可以看到微信公众号主要由头像、账号名称、功能介绍等构成，如图4-29所示。

图4-29 微信公众号的构成

- **头像**。头像是微信公众号的重要标志之一，代表了微信公众号的个性和风格。为便于识别，最好使用品牌Logo作为头像。"寻境"的微信公众号头像采用了品牌Logo，很有辨识度和标志性。

- **账号名称**。统一、简洁的账号名称更便于用户搜索。"寻境"的微信公众号账号名称与旅行社名称相统一，不仅便于用户记忆，也便于用户识别和搜索。
- **功能介绍**。功能介绍要用于描述微信公众号的作用，会在微信公众号搜索结果界面显示。通过"寻境"微信公众号的功能介绍，用户能够了解到该微信公众号的作用是发布旅游资讯，进而可以根据需求决定是否关注。

二、撰写微信公众号营销文案

撰写微信公众号营销文案需要遵循一定的流程，并结合一定的写作技巧来增强文案的视觉冲击力和吸引力，这样才能在减少用户抵触心理的前提下，达到营销的目的。营销人员准备先搜集并整理云南西部7日游产品的相关资料，再撰写文案的标题和正文。

（一）搜集、整理资料并确定选题

搜集、整理资料并确定选题是非常重要的步骤。搜集、整理资料可以为文案的撰写提供支持，提升营销成功的概率，也有助于确定选题。营销人员可以通过企业内部资料库或数据库，以及搜索引擎、专业网站等获得相关资料。表4-3所示为营销人员借助内部资料库搜集、整理的云南西部7日游产品信息。

表4-3　云南西部7日游产品信息

项目	详细描述
时间	12月2日—12月8日
价格	5800元/成人；不含机票费用
费用包含项目	住宿+门票+出行+用餐（6早13正）+导游+旅游意外险+每日生活物资
跟团人数	10人（成人）
行程	第1天：全国各地—云南腾冲县和顺古镇 第2天：和顺古镇—江东村—和顺古镇 第3天：和顺古镇—诗密娃底—下勐劈傈僳族村寨 第4天：下勐劈傈僳族村寨—诗密娃底—盈江县城 第5天：盈江县城—户撒阿昌族乡—跨江竹桥—凯邦亚湖 第6天：凯邦亚湖—勐养镇 第7天：勐养镇—云海拍摄点—芒市—芒市机场

搜集并整理好资料后，营销人员需要为营销文案确定一个选题。选题即文案的立意，一个好的选题能够促使用户转发文案。在确定选题时，需要遵循3个原则，分别是：体现产品特色、直击用户痛点、具有分享性。结合这3个原则，营销人员从产品信息中挖掘出关键词"云南西部7日游"，并从用户希望在冬日去温暖的地方旅行，以及对美丽风景的追求出发，将选题明确为：拥抱冬日的温暖，美丽云南西部7日游。

（二）撰写文案标题

一个好的文案标题能够快速吸引用户。标题的类型多样，不同类型的标题效果不同。营销人员撰写了不同类型的文案标题，然后从中筛选出更符合选题、表现效果更好的标题，并运用各种标题写作技巧对标题进行了优化。

1. 撰写不同类型的文案标题

文案标题的类型有直言式、提问式等，营销人员先了解了不同类型文案标题的具体含义、特点等，然后搜集了相应的示例，最后模拟示例撰写了文案标题，如表4-4所示。

- **直言式**。直言式标题一般会直接宣告某事项或告诉用户其能获得的利益或服务，其特点是直观明了、实事求是、简明扼要。例如，某在线设计工具的一篇微信公众号营销文案的标题为"冲冲冲！低价购买一年会员"。
- **提问式**。提问式标题用提问的方式来引起用户的注意，包括反问、设问和疑问。该类标题旨在通过提问激发用户的好奇心，从而引导用户阅读文案。在撰写此类标题时可以从用户关心的利益点出发来提问。例如，某宠物微信公众号就从养宠用户关心的问题——猫咪为什么常流泪出发，撰写了一篇标题为"医生，我家猫咪常流泪，这是什么原因呢？"的营销文案。
- **新闻式**。新闻式标题比较正式且具有较强的信服力，以报告事实为主，是对近期发生的有意义的事实的介绍和阐述。新闻式标题一般用来告知用户最近发生的事情，包括新产品发布或企业重大决策等，目的在于引起用户对企业最新动态的好奇，从而阅读正文。例如，某农产品微信公众号的一篇营销文案的标题为"爱媛38号和青花椒产地信息发布"，该标题即为新闻式标题，旨在将产品相关产地信息告知用户。

表4-4　模拟示例撰写的文案标题

标题类型	切入点	结果
直言式	从成团的人数出发，说明跟团用户可以享受小型团出游的服务	美丽云南西部7日游，小型团！
提问式	费用是很多用户主要关心的利益点，可以从这一利益点出发	云南西部7日游贵吗？
新闻式	从旅游产品的信息中总结出事实：云南西部7日游产品上线	云南西部7日游产品上线，12月2日出发

🎓 **知识链接**

除了以上几种常用的标题类型，微信公众号营销文案的标题还包括其他类型，如话题式、命令式、危机式、悬念式等。不同标题适用的情境不同，起到的作用也不同。扫描右侧二维码，查看具体信息和示例。

知识链接：其他
标题类型

2．选择并优化文案标题

写好标题后，营销人员可以先进行对比，从中选出更契合选题、更有吸引力的标题。例如，"美丽云南西部7日游，小型团！"这一标题既点明了当地的景色优美，又展现了用户可以享受的服务。另外，相较于该标题，其他两个标题的吸引力没有这么大，提问式标题虽然切中大部分用户的利益点——费用，但是该利益点是用户将云南西部纳入旅游范围后才会产生的，并非第一考虑的因素，而新闻式标题太过正式，与用户本身的关联不大。

为了提升标题的吸引力，营销人员还需要运用标题写作技巧优化文案标题，常见的标题写作技巧如表4-5所示。

表4-5　常见的标题写作技巧

名称	详细描述
塑造场景	在标题中塑造容易使用户产生共鸣的场景，快速传达品牌定位或产品价值，唤醒用户对场景的联想，打动用户的心
借助名人效应	名人效应是对名人的出现所造成的引人注意、强化事物、扩大影响的效应，或人们模仿名人的心理现象的统称。借助的名人可以是艺人、作家、企业家、学者等
善用网络流行语	网络流行语指从网络中产生或应用于网络交流的一种语言，大多因某些社会热点话题或热门事件形成，被网友广泛使用，自带热度。营销人员将网络流行语运用到标题中，可以增强标题的趣味性
结合数字	数字往往代表某种数据或结论，特别是具有总结性的数量和销量、折扣、时间、排名等数据。使用数字会使标题更加精确，也更容易让人记住
活用符号	符号主要指"！""？""【】"等标点符号，活用符号可以丰富标题的表现形式和感情色彩，提升标题的吸引力
巧用修辞	比喻、引用、双关、设问、对偶、拟人和夸张等修辞手法的运用不仅可以提升标题的吸引力和趣味性，还能使标题显得更有创意

对比不同标题写作技巧的难度后，营销人员选择了塑造场景这一技巧，将标题优化为："冷吗？要不去云南看看，梦幻云南西部7日游小型团！"

职业素养

根据《中华人民共和国广告法》，广告中不得使用"最高级""最佳"等词语。营销人员不得为了提高文案的点击率，在标题中添加禁用词。

（三）撰写文案正文

营销文案正文一般由开头、中间和结尾3部分组成，而要撰写一篇优秀的营销文案，还要选择一个合适的正文组织结构。在撰写营销文案正文时，营销人员应按照确定文案结构→撰写文案开头→撰写文案中间→撰写文案结尾的步骤进行，从而使正文条理清晰、结构合理、内容饱满且有吸引力。

1. 确定文案结构

文案结构即文案的大体框架，常见的文案结构主要包括总分式结构、并列式结构、递进式结构等，具体如下。

- **总分式结构**。该结构通常在开头用一句（段）话总领全文，起点明主题的作用，然后围绕主题分点叙述，通常采用"提出问题→解决问题"这一形式。
- **并列式结构**。该结构通常从推广对象的特征入手，并列叙述其特征。并列式结构由于各部分之间语义相互独立，可从多角度看问题，同时各部分又紧密联系，共同为文案主旨服务，因而内容概括面广、条理性强。
- **递进式结构**。该结构按照事物之间的发展规律和逻辑，层层深入，层次之间存在递进的关系。这类结构具有逻辑严密的特点，常用于描述一些比较复杂或用户感到陌生的产品，多以议论体和故事体呈现。

结合旅游产品信息，该旅游产品每天的行程几乎都不同，涉及的主要景色也不同。为此，营销人员准备从行程出发，采用总分式结构来组织文案，先在开头用一段话点明为什么12月要去云南西部旅行，然后展现重点景色、行程安排等。

知识链接

除了以上几种常见的文案结构，营销人员还可以采用片段组合式结构、欲扬先抑式结构、三段式结构等。扫描右侧二维码，查看具体信息和示例。

知识链接：其他
文案结构

2. 撰写文案开头

确定好文案结构后，营销人员根据常见的文案开头类型分析了不同写法的切入点和实施的难易，常见的文案开头如表4-6所示。

表4-6　常见的文案开头

名称	详细描述	切入点	实施的难易
直接开头	开头直接表明产品或服务的核心卖点，点明主题	直接表明云南西部7日游即将开始	易
悬念开头	在开头展现戏剧化的场面，设置悬念，引起用户的好奇心和探知欲	12月去云南旅游与旺季去云南旅游的反差	难
提问开头	使用疑问句开头，引发用户的思考	用户在冬天想去温暖之地的渴望	易
修辞开头	在文案开头运用排比、比喻等修辞手法，使文案更加生动形象	云南西部的美	较难
利益开头	在开头表明用户可以享受的折扣、优惠等，激发用户的阅读与购买兴趣	性价比	较难
热点开头	以新闻事件、节日等近期讨论度很高的话题开头	与云南西部相关的热门事件	难

名称	详细描述	切入点	实施的难易
故事开头	以富含哲理的小故事，或与文案主题有关的虚构故事开头	导游或营销人员与云南相关的小故事	较难
独白开头	以人物的内心独白，揭示人物隐秘的内心世界	用独白的方式讲述"我"（用户）心中的云南西部	难
结论开头	在文案开头先得出结论，在正文的后续内容中对开头的结论进行论证	12月的云南西部值得一去	较难

比较实施的难易后，营销人员选择了较为简单的直接开头和提问开头。对于用户而言，能触动自身情感的开头更具感染力，与自身的关联性也更强，而这一点提问式开头更容易做到。因此，营销人员选择撰写提问式开头，具体如下。

有人问："12月，去哪儿好呢？美丽又温暖的地方在哪儿呢？"那我一定推荐云南西部！在这里，你可以沐浴在阳光中，欣赏多样的美景。

3．撰写文案中间

在开头通过提问的方式引导用户阅读后，营销人员将按照既定的文案结构来撰写文案中间，具体内容如下。

重点景色

1．腾冲江东银杏

如果你想欣赏银杏的灿烂，那么这趟旅行绝对不会让你失望。在腾冲江东村，你可以看到够多、够密的银杏树，风中纷纷扬扬的都是银杏叶。住在被银杏树包围的院子里，一不小心，碗里就可能收获了一片金黄。

2．诗密娃底

在诗密娃底，你可以看到潺潺的小河，漫步着牛羊的草甸，以及温柔地簇拥着这一切的山峦。这一片诗意被霜覆盖后，就像穿上了过年的新衣，可以给你带来不一样的感受，温暖而又清冽。

3．凯邦亚湖

凯邦亚，意为"收获的山谷"。在这里，你可以看到云烟在湖上升起，蓝天倒映在平静的湖面上，感受到飞鸟掠过头顶的颤动。在水天之间，或许你会收获一种不一样的心境。

4．云海

12月的云南西部，云海总会如约而来。清晨，当你还在享受着饵丝的美味时，云海早已铺满天空，在清晨写下浓墨重彩的一笔。

5．野樱花

野樱花，顾名思义，自然生长的樱花。在路上，远远地你就可以看到它：身着一袭红装，俏生生地站在土地上，肆意地打量着这个世界，充满着无限的野趣。

行程安排

第1天：全国各地—云南腾冲县和顺古镇

第2天：和顺古镇—江东村—和顺古镇

第3天：和顺古镇—诗密娃底—下勐劈傈僳族村寨

第4天：下勐劈傈僳族村寨—诗密娃底—盈江县城

第5天：盈江县城—户撒阿昌族乡—跨江竹桥—凯邦亚湖

第6天：凯邦亚湖—勐养镇

第7天：勐养镇—云海拍摄点—芒市—芒市机场

出发日期：2022年12月2日至12月8日

人数：10人（成人）成团

价格：5800元/成人；不含机票费用

费用包含：住宿+门票+出行+用餐（6早13正）+导游+旅游意外险+每日生活物资

4．撰写文案结尾

由于撰写该营销文案的目的是推广旅游产品，因此，营销人员需要撰写一个合适的文案结尾刺激用户购买。常见的文案结尾方式如下。

- **点题式结尾**。在结尾总结全文，点明中心。例如，"你应该感谢冰箱，你的冰箱在夜里静静地填补了你白天的'空虚'"这一结尾就点明了冰箱的作用。

- **互动式结尾**。在结尾设置话题，吸引用户参与，一般是以提问的方式，引发他们的思考及参与。例如，"大家都来谈谈收到过什么让自己印象深刻的礼物"这一结尾就通过提问引导用户互动。

- **自然结尾**。顺着文案的描述自然而然地结束，不刻意引导或号召用户行动。例如，在介绍某个营销活动时，叙述完活动信息后自然结束。

- **引导式结尾**。在结尾引导用户采取转发、点赞、收藏、留言、点击链接了解产品详情、关注、购买等行为。营销人员在撰写文案结尾时可以借助情感、利益等加强引导的效果。例如，"现在下单，再送精美礼品一份，赶快下单购买吧"这一结尾就通过利益引导用户下单。

想要刺激用户购买旅游产品，较好的方式是在结尾引导用户，并告知用户购买方式。在此基础上，营销人员撰写了引导式结尾，具体内容如下。

如果你也对云南西部感兴趣，欢迎报名参加云南西部7日游活动。扫描下方二维码，添加客服微信，提交报名信息即可。

🎓 **知识链接**

除了以上几种常见的文案结尾，营销人员还可以采用首尾呼应式结尾、"神转折"结尾、佳句结尾等方式结尾。扫描右侧二维码，查看具体信息和示例。

知识链接：其他
结尾方式

三、排版和发布微信公众号营销文案

完成微信公众号营销文案的撰写后，营销人员准备使用135编辑器为营销文案排版，并将排好版的营销文案同步至微信公众号草稿箱，再通过微信公众号后台发布。

（一）使用135编辑器为微信公众号营销文案排版

135编辑器是一款常用的、功能强大的在线图文排版工具，拥有大量的模板，简单易上手。营销人员用它为图文排版后，可生成长图发布到微博、知乎等新媒体平台，也可在授权后将图文同步至微信公众号草稿箱。

知识链接：其他
排版工具

在使用135编辑器排版时，营销人员可以为营销文案应用合适的模板，提升营销文案的可读性和可观性，并在合适位置插入产品图片，具体操作如下。

步骤01▷进入并登录135编辑器官网，选择首页顶部的"进入编辑器"选项，打开编辑页面，在"在这里直接输入或粘贴内容"区域复制粘贴素材文档第二段及以下的所有内容（配套资源：\素材\项目四\营销文案.docx），效果如图4-30所示。

步骤02▷将光标定位至"重点景色"后，在左边的样式区中选择"标题"选项，在打开的下拉列表中选择"底色标题"选项，然后选中"免费"复选框，选择图4-31所示的样式（样式ID：118746）。

微课视频：使用
135编辑器排版
微信公众号营销
文案

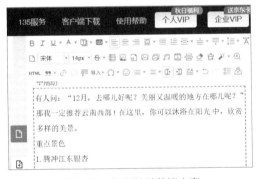

图4-30　复制粘贴营销文案

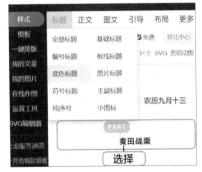

图4-31　选择标题样式

步骤03▷修改样式中的文字，在"PART"后增添"1"，依次按【Ctrl+X】组合键、【Ctrl+V】组合键将"重点景色"剪切并粘贴到"麦田战栗"后，选择文字"麦田战栗"后按【Delete】键删除，效果如图4-32所示。使用相同的方法为"行程安排"应用同样的样式。

步骤04▷选择文字"1.腾冲江东银杏"，单击"加粗"按钮 B 加粗文字，单击"字号"右侧的下拉按钮，在打开的下拉列表中选择"15px"选项，依次单击"段前距"按钮、"段后距"按钮，在打开的下拉列表中选择"10"选项，如图4-33所示。使用相同的方法为"2.诗密娃底""3.凯邦亚湖""4.云海""5.野樱花"设置相同的字体格式和段前距、段后距。

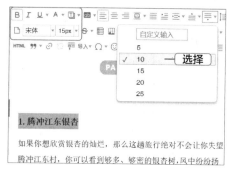

图4-32　修改文字　　　　　图4-33　设置字体格式和段前距、段后距

步骤05▶将光标定位至"一片金黄。"后，按【Enter】键换行，单击"单图上传"按钮 ，在打开的"打开"对话框中选择图片"银杏.jpg"（配套资源：\素材\项目四\云南西部\银杏.jpg），如图4-34所示，单击 打开(O) 按钮插入图片。

步骤06▶将光标定位至"温暖而又清冽。"后，单击"多图上传"按钮 ，在打开的"多图上传"对话框中单击 普通图片上传 按钮，在打开的"打开"对话框中选择图片"诗蜜娃底1.jpg、诗蜜娃底2.jpg"（配套资源：\素材\项目四\云南西部\诗蜜娃底1.jpg、诗蜜娃底2.jpg），单击 打开(O) 按钮完成上传，效果如图4-35所示。单击对话框右下角的 确定 按钮插入图片，然后删除图片"诗密娃底2.jpg"与下一段之间的空隙。

图4-34　插入图片　　　　　图4-35　多图上传

步骤07▶使用与步骤05、06相同的方法，在"凯邦亚湖""云海""野樱花"对应的段落末尾处换行，分别插入图片"凯邦亚湖1.jpg、凯邦亚湖2.jpg""云海.jpg""野樱花.jpg"（配套资源：\素材\项目四\云南西部\凯邦亚湖1.jpg、凯邦亚湖2.jpg、云海.jpg、野樱花.jpg）。

步骤08▶选择"第1天："，单击"加粗"按钮 B 加粗文字。使用相同的方法将"第2天："到"费用包含："，以及最后一段文字加粗，效果如图4-36所示。

步骤09▶在最后一段末尾换行，在样式区中选择"引导"选项，在打开的下拉列表中选择"二维码"选项，选择合适的二维码样式。修改二维码中的文字，单击二维码图片，在打开的"图片"对话框中单击 换图 按钮，如图4-37所示。

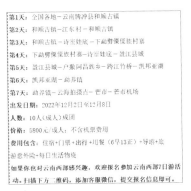

第1天：全国各地－云南腾冲县和顺古镇
第2天：和顺古镇－江东村－和顺古镇
第3天：和顺古镇－诗蜜娃底－下勐劈傈僳族村寨
第4天：下勐劈傈僳族村寨－诗蜜娃底－盈江县城
第5天：盈江县城－户撒阿昌族乡－跨江竹桥－凯邦亚湖
第6天：凯邦亚湖－勐养镇
第7天：勐养镇－云海拍摄点－芒市－芒市机场
出发日期：2022年12月2日至12月8日
人数：10人（成人）成团
价格：5800元/成人 不含机票费用
费用包含：住宿+门票+出行+川餐（6早13正）+导游+旅游意外险+每日生活物资
如果你也对云南西部感兴趣，欢迎报名参加云南西部7日游活动，扫描下方二维码，添加客服微信，提交报名信息即可。

图4-36 加粗文字

图4-37 单击"换图"按钮

步骤10 ▶ 打开"多图上传"对话框，单击"本地上传"选项卡，在打开的"打开"对话框中选择图片"二维码.png"（配套资源：\素材\项目四\云南西部\二维码.png），单击 打开(O) 按钮完成上传，单击 确定 按钮插入图片。

步骤11 ▶ 按【Ctrl+S】组合键打开"保存图文"对话框，在"图文标题"文本框中粘贴文案标题"冷吗？要不去云南看看，梦幻云南西部7日游小团团！"，单击"封面图片"栏下的 从正文选择 按钮，如图4-38所示。打开"从正文选择封面"对话框，单击"银杏.jpg"对应的 ✔选择 按钮，打开"裁剪图片"对话框，保持默认设置，单击 保存/上传 按钮。

步骤12 ▶ 返回"保存图文"对话框，在"同步"栏中选中微信公众号名称前的复选框，单击 保存文章 按钮保存文案并同步至微信公众号草稿箱。待提示保存成功后，可扫码预览方案。

图4-38 单击"从正文选择"按钮

（二）发布微信公众号营销文案

接下来，营销人员将进入微信公众号后台，在草稿箱中找到同步保存的营销文案，然后群发，具体操作如下。

微课视频：发布微信公众号营销文案

步骤01 ▶ 登录微信公众号，在右侧的菜单栏中选择"草稿箱"选项，将鼠标指针移动至营销文案右上角的"发表"选项上，在打开的下拉列表中选择"群发"选项，如图4-39所示。

步骤02 ▶ 打开"群发消息"对话框，单击 群发 按钮，如图4-40所示。打开提示对话框，单击 继续群发 按钮。

图4-39 选择"群发"选项　　　　　　　图4-40 单击"群发"按钮

步骤03 ▶打开"微信验证"对话框，使用管理员微信扫码验证，手机微信将打开"公众平台安全保护"界面，在此界面中点击 确定 按钮允许群发，之后微信公众号后台群发界面将提示"已发表"。

四、开展微信公众号营销活动

开展微信公众号营销活动，可以调动用户的积极性，借助用户的自主传播扩大微信公众号的影响。营销人员准备以产品为切入点，并选择合适的活动方式，进而策划好活动方案、制作好活动海报，然后通过微信公众号发布活动信息。

（一）选择活动方式

比赛活动、留言有礼活动等都是常见的微信公众号营销活动，营销人员可根据实际需要进行选择。

- **比赛活动**。比赛活动形式较为简单，营销人员一般根据某一主题举行活动并设立奖品，吸引用户报名参加。评选方式为请其他用户投票或评委评分等，然后根据票数或分数决定中奖用户。
- **留言有礼活动**。留言有礼活动一般指根据当下热点等，准备一个话题让用户在评论区留言，然后根据留言随机抽取或按照点赞数的多少等规则选取中奖用户；或者直接要求用户留言或回复指定内容，再随机抽选中奖用户。
- **晒照有礼活动**。晒照有礼活动一般有两种：一种是让用户选取符合主题的照片发送至微信公众号，进而按照活动规则抽选中奖用户；另一种是让用户将指定图片、文章分享到朋友圈、微信群或者其他平台，进而截取相应的图片发送至微信公众号，营销人员收到后再抽取中奖用户。

从与云南西部7日游的关联性来看，晒照有礼活动不仅关联性更强，也更容易实现。

（二）策划活动方案

接着，营销人员需要围绕晒照有礼活动策划活动方案，明确活动的目的、主题、玩法和规则。

- **明确活动目的**。活动目的是活动运营的出发点和落脚点，对活动策略和行动方案的制定具有指导作用。明确活动目的有助于搭建本次活动的整体框架，确保活动顺利开展。
- **明确活动主题**。活动主题是指活动的中心思想，好的活动主题能加深用户对活动的印象。明确活动主题有助于清晰、明确地向用户传递活动信息，调动用户参与活动的积极性。

- **明确活动玩法**。活动玩法是指在一定的活动规则下，引导用户完成提前设定的动作，最终帮助企业达成活动目的的运营手段。
- **明确活动规则**。活动规则是指用户参与活动所需要遵守的基本原则和规范，通常包含活动时间、参与条件、参与方式、领奖方式及注意事项等。

晒照有礼活动方案如表4-7所示。

表4-7 晒照有礼活动方案

项目	详细描述
活动目的	扩大云南西部7日游活动的影响范围
活动主题	定格云南西部最美瞬间
活动玩法	用户提交原创且符合主题的照片至指定邮箱，照片征集结束后，经旅行社内部评分和线上投票评选；旅行社按百分制打分，内部评分占50%，线上投票评分（1票即1分）占50%；最终评选出5名中奖用户，奖品为××蓝牙耳机一副
活动规则	活动时间：2022年12月12日至12月19日 照片形式：单张照片，每张照片须备注名字；不能在照片上加字，需附上照片说明（20～50字） 发送邮件至指定邮箱：××@××.com

（三）制作活动海报并发布活动信息

完成活动方案的策划后，营销人员需要制作活动海报并发布活动信息。活动海报应展示活动主题、时间等，营销人员可以利用创客贴、MAKA、稿定设计等在线设计工具或Photoshop等专业设计工具制作活动海报，图4-41所示为营销人员使用创客贴制作的活动海报。然后，营销人员还需要进入微信公众号后台，编辑图文，插入活动海报并输入活动信息（操作方法与发布微信公众号文案类似，此处不再赘述），发布效果4-42所示。

图4-41 活动海报

图4-42 发布效果

案例链接

中国移动，在世界之巅打通"生命信号"

中国移动通过微信公众号发布了一篇名为"坐标中国|'珠峰之网'在世界之巅打通'生命信号'"的营销文案。该文案讲述了中国移动网络建设者在珠穆朗玛峰建设5G基站的重要意义。文案标题采用了借代和比喻的修辞手法，用"世界之巅"代指珠穆朗玛峰，将5G基站打造的网络比喻为"生命信号"，彰显了在珠穆朗玛峰上建设5G基站的重要性。文案开头讲述了登山运动员借助中国移动5G网络实时共享登顶成功的高清视频画面（见图4-43），并总结了中国移动的建设成就，然后分别从设备运输困难（见图4-44）、在珠穆朗玛峰建设5G基站的原因（见图4-45）、对6G技术的探索3个方面，进一步展现了中国通信技术的力量，以及建设5G基站所代表的技术成就。

图4-43　文案开头　　　　图4-44　设备运输困难　　　　图4-45　在珠穆朗玛峰建设5G基站的原因

案例思考：

（1）文案标题运用了什么写作技巧？

（2）文案采用什么写作结构，表达了什么中心思想？

点评： 文案标题将中国移动在珠穆朗玛峰设置的数据网比喻成"珠峰之网"，将5G基站打造的网络比喻为"生命信号"，并采用总分式结构写作，不仅体现了中国移动在技术上的伟大突破，也彰显了我国的技术自信、民族自信和强大的综合国力。

任务实训

一、在微信朋友圈营销水果

【实训背景】

随着用户对猕猴桃的需求越来越旺盛，"农禾"与陕西周至县的种植户合作，推出了猕猴桃产品。"农禾"既通过官网销售产品，也与线下商超合作售卖旗下产品。为促进产品的销售，"农禾"调研了用户的产品接触渠道，知晓不少用户会通过微信获知产品信息、购买产品等。为此，"农禾"要求郝安为公司开通微信个人号，引导用户添加该账号，并在微信朋友圈发布猕猴桃的营销信息。图4-46所示为"农禾"的公司Logo，表4-8所示为猕猴桃产品信息。

图4-46　"农禾"的公司Logo

表4-8　猕猴桃产品信息

项目	详细描述
产品名称	陕西周至翠香猕猴桃（国家地理标志产品）
种类	绿心果
价格	2.5千克（净重），35.9元；4.5千克（净重），59.9元
产品图片	（配套资源：\素材\项目四\翠香猕猴桃\）
口感	香甜可口、甜糯柔软、果肉细腻
卖点	秦岭山脚、农家种植；现摘现发、个大肉厚；日照充足、健康美味

【实训要求】

（1）按照营销方案设置微信个人号，为微信好友添加备注并分组，以区分不同类型的用户。

（2）撰写并发布微信朋友圈营销文案，将方案分享给对应的组别。

【实训过程】

步骤01▶设置微信个人号。为便于识别，郝安可以将微信个人号名字设置为"农禾-郝安"，将头像设置为公司Logo。

步骤02▶为微信好友添加备注并分组。就添加微信好友的便利程度来看，郝安可以让客服人员在用户购买产品时引导用户添加微信个人号，并直接以用户的"姓名+性别"为其添加备注。为方便管理，郝安可以根据微信好友的购买频率、购买量或偏好等为其分组，如可以分为"经常购买水果""偶尔购买水果""喜软糯水果""喜脆性水果"等。

步骤03▶通过通信录设置标签。在"通信录"界面点击"标签"选项，在打开的界面中新建标签。

步骤04▶撰写微信朋友圈营销文案。微信朋友圈营销的目的是吸引用户购买产品、提升产品销量。根据这一目的，为提高营销的成功概率，郝安可以将营销信息融入日常生活，并分组发布。营销文案示例如下。

【新品上架】今天我最喜欢的水果——翠香猕猴桃上架啦！别看它是绿心果，一口咬下去香甜可口、软软糯糯，让你吃了还想吃。猕猴桃是农家种植的，现摘现发，2.5千克（净重）35.9元，4.5千克（净重）59.9元。喜欢的朋友赶紧下单吧！

步骤05▶分组发布微信朋友圈营销文案。通过"发现"界面打开"朋友圈"界面，点击右上角的◙按钮，从相册中选择产品图片（配套资源：\素材\项目四\翠香猕猴桃\），打开编辑界面，输入营销文案。在"谁可以看"栏中选择设置好的标签，如"喜软糯水果"，然后发布营销文案。效果示例如图4-47所示。

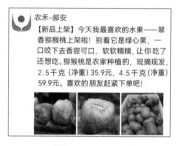

图4-47　效果示例

二、使用微信公众号营销水果

【实训背景】

"农禾"推出的翠香猕猴桃品质优良，逐渐成为公司具有代表性的产品之一，并促进了当地果业的发展。为了进一步扩大产品营销效应，"农禾"准备联合当地果业协会的微信公众号发布翠香猕猴桃的营销文案，将优质产品推荐给更多用户，并引导他们购买。文案由"农禾"撰写并发布到微信公众号上，当地果业协会负责转发。

【实训要求】

（1）撰写微信公众号营销文案，要求突出翠香猕猴桃的卖点。

（2）使用135编辑器为营销文案排版，要求排版美观。

【实训过程】

步骤01▷确定选题并撰写文案标题。营销文案的主旨是推荐翠香猕猴桃，那么选题可以是"好物推荐"。根据选题，可以采用直接式标题直接将产品卖点、营销目的展现出来，如"本周好物推荐——翠绿多汁的陕西翠香猕猴桃"。

步骤02▷确定文案正文结构。文案标题已经表明营销目的，因此可以直接在正文中介绍翠香猕猴桃的主要卖点，采用并列式结构分点叙述。例如，营销人员可以选择种植特点、外观特点和口感3个卖点并列叙述。

步骤03▷撰写文案正文并使用135编辑器排版。由于采用并列式结构，正文可以直接叙述卖点，然后采用引导式结尾，呼吁用户下单购买。撰写完成后可以在135编辑器中排版，图文排版效果示例如图4-48所示。

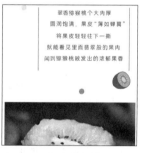

图4-48　图文排版效果示例

知识巩固

1.选择题

（1）【单选】微信个人号和微信公众号的组成中基本都有（　　　）。

A．头像、名字、个性签名　　　　B．头像、名字、简介

C．头像、名字、IP定位　　　　　D．头像、名字

（2）【单选】借助热门话题在微信朋友圈营销火葫芦柿子属于（　　）。

A．融入生活　　　　　　　　　B．分组发布

C．借用热点　　　　　　　　　D．开展营销活动

（3）【单选】向用户传达资讯可以选择的公众号类型是（　　）。

A．服务号　　　　B．订阅号　　　　C．小程序　　　　D．企业微信

2．判断题

（1）直言式标题以报告事实为主，简单直接。　　　　　　　　（　　）

（2）在营销文案开头表明用户可以享受的折扣的是利益式开头。　（　　）

（3）互动式结尾是在结尾引导用户产生转发、点赞、收藏等行为。（　　）

3．简答题

（1）简述微信朋友圈营销的大致流程。

（2）简述微信公众号营销的方法。

4．实践题

（1）为鲜花种植基地营销人员的微信个人号设置好友分组方案，分组依据为购买频率。

（2）在微信朋友圈发布便携式板凳的营销文案，要求体现产品卖点、价格，并插入产品图片，便携式板凳产品信息如表4-9所示。

表4-9　便携式板凳产品信息

项目	详细描述
产品名称	便携式塑料加厚折叠板凳
颜色	蓝色
材质	聚丙烯
卖点	折叠简易、方便携带、不易变形、牢固耐摔
价格	15元一个，25元两个
产品图片	 （配套资源：\素材\项目四\便携式板凳\）

（3）在网上搜索生来有趣品牌的燕麦欧包的产品信息，为该产品撰写微信公众号营销文案，引导用户购买产品。要求采用提问式开头，在文案中突出产品卖点，并采用引导式结尾。

（4）使用135编辑器为上述燕麦欧包的微信公众号营销文案排版，要求图文并茂、美观大方。

项目
五

微博营销

项目背景

　　微博是十分热门的社交媒体，具有用户多、信息发布快、反应速度快等特点，在新媒体营销中具有广泛的传播力和影响力。本项目将以酸奶品牌"轻·自在"的微博营销为例，系统介绍微博营销的基础知识和开展方法。

知识目标

- 熟悉微博账号的类型、构成。
- 掌握微博话题的策划、微博营销活动的开展方法。

技能目标

- 能够打造具有特色的微博账号。
- 能够根据营销需要策划微博营销活动。

素养目标

- 能够第一时间捕捉热点，及时发布营销信息。
- 能够坚持正确的舆论导向，自觉维护网络秩序。

任 务 一　发布微博营销信息

"轻·自在"是一个酸奶品牌，主打0蔗糖酸奶，以"无添加，才自在"为广告语，目标用户主要是一、二线城市的"上班族"。近日，出于推广产品、提升品牌知名度和影响力的需要，"轻·自在"打算借助微博进行营销，需要开设一个微博账号，并通过微博发布营销信息。

一、打造微博账号

在发布微博营销信息前，营销人员要为品牌打造可以代表身份的微博账号，为营销信息的发布建立渠道。

（一）明确微博账号类型

在开展微博营销前，营销人员需要明确微博账号类型。主要的微博账号类型如表5-1所示。

表5-1　主要的微博账号类型

账号类型	使用对象	详细描述	作用	示例
个人微博	艺人、专家 网络达人 普通用户 企业高管等	拥有者为个人用户	日常表达自我；个人或团队营销，其中，部分艺人、企业高管的个人微博通常还会配合企业或团队微博转发营销信息	旅游攻略君　知名旅游攻略博主　粉丝：1333万
企业微博	企业	企业的官方微博，一般以推广品牌、树立企业形象为目的的	发布品牌或产品信息，营销推广；运用一定的营销手段，建立和维护粉丝群，开展互动活动	华为手机　华为手机产品线官方微　粉丝：1349.1万
政务微博	政府部门	因公共事务而开设的微博账号，是汇聚民声、民意的平台，不具有营利目的	发布政务信息、收集民意、服务大众	成都市人民政府门户网站　成都市人民政府门户网站　粉丝：38万
组织机构微博	机构 组织	在教育教学、危机公关等方面发挥着重要作用	传播信息、促进沟通	河南农业大学　河南农业大学官方　粉丝：19.1万
其他微博	某重要活动 重要事件 电影 电视剧等	具有特定用途和时效性；通常不会持续运营，只发挥阶段性作用，但带来的宣传效果不容小觑	临时宣传	锦衣之下电视剧　电视剧《锦衣之下》　粉丝：102.1万

"轻·自在"开通的官方微博账号属于企业微博，通过该微博账号，"轻·自在"可以发布品牌或产品信息，开展品牌营销活动。

（二）构建微博账号信息

微博账号主要由头像、昵称、简介、认证等组成，营销人员需要先明确微博账号各组成部分的信息，初步构建账号信息。

知识链接：个人微博账号设置

1．头像

微博头像可以起到展示账号风格、定位的作用，能让用户在心中形成对账号形象的认知。企业微博账号头像应是能够代表企业形象的标志，如企业Logo、企业名字、企业拟人形象等。图5-1所示为"轻·自在"官方微博账号的头像，该头像为品牌Logo。

"轻·自在"官方微博账号使用品牌Logo作为头像，该品牌Logo以蓝色和白色为主色调，融入了品牌名称和广告语，充分体现了品牌和产品"无添加"的特性，既具有代表性，又便于识别。

图5-1 "轻·自在"官方微博账号的头像

2．昵称

企业微博昵称通常与企业/品牌名称或企业/品牌名称+产品保持一致，如"海尔""格力电器"。此外，企业微博昵称应该尽量避免与其他机构或企业的微博昵称重复。

"轻·自在"以"轻·自在酸奶"为官方微博昵称，该昵称既与品牌名称保持一致，又表明了品牌的主营产品，简单直接。

🎓 专家指导

需要注意的是，普通用户1年可以修改1次微博昵称，会员1年可以修改5次微博昵称。建议确定昵称后不要频繁修改，以避免粉丝流失。

3．简介

简介是对个人或企业的简单介绍。企业微博简介应该简明扼要，以便用户快速了解企业，如放置企业理念、企业身份、企业文化等。

"轻·自在"官方微博账号将广告语作为简介内容，充分体现了品牌"不添加蔗糖，健康生活"的主张。

4．认证

认证后的微博账号能够提升其在用户心中的可信度，有助于提升用户对账号的好感。微博认证包括机构认证和个人认证，其中，企业可以申请的是机构认证，也叫"蓝V认证"，认证成功的微博昵称后会有一个蓝色的 V 字图标。除了企业外，能够申请机构认证的还有政府、媒体、校园等官方账号，不同的机构认证方式如图5-2所示。

图5-2 不同的机构认证方式

"轻·自在"官方微博账号完成机构认证有助于加深用户对自身的信任，所以营销人员将开启企业认证。

专家指导

机构认证一般需要经历选择服务→提交资料→审核的程序，机构类型不同，需要提交的资料也不同，如企业认证需要提交营业执照副本、加盖公司公章的企业认证公函等。

（三）设置微博账号信息

构建微博账号信息后，营销人员进入账号设置界面，为"轻·自在"设置了微博账号信息。具体操作为：在微博App主界面点击"我"选项；在打开的界面中点击头像，打开账号设置界面后点击头像，打开"挂件商城"界面，点击"更换头像"选项为账号设置头像；返回账号设置界面，点击"查看和编辑基本资料"超链接，打开"编辑资料"界面，依次设置昵称、认证、简介等。图5-3所示为"轻·自在"官方微博账号信息。

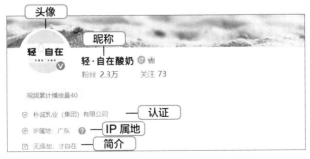

图5-3 "轻·自在"官方微博账号信息

二、发布微博文案

微博文案是微博营销的重要部分，营销人员借助微博文案，不仅可以发布品牌或产品信息，还可以发布活动信息、直播信息等。"轻·自在"计划在儿童节推出新产品"极简酸奶"，表5-2所示为极简酸奶产品信息。营销人员需要通过发布微博文案营销新产品，以促进产品的销售。为此，营销人员可以按照选择微博文案类型→撰写和发布微博文案的流程操作。

表5-2　极简酸奶产品信息

项目	详细描述
产品名称	极简
上新时间	6月1日
价格	29元/4杯；100元/15杯
净含量	150克/杯
产品特点	配料极简，生牛乳发酵，0蔗糖，口感更加清爽
产品海报	

（一）选择微博文案类型

微博文案主要分为短微博、头条文章两种类型，在撰写和发布微博文案前，营销人员需要了解不同微博文案的特点、作用和营销重点，以便选出适合当前营销需求的文案类型。

1. 了解短微博和头条文章

微博文案根据字数的不同可以分为短微博和头条文章，营销人员可以根据需要选择。

（1）短微博

短微博通常不需要刻意排版，也不要求特定的内容与格式。短微博限制在5000字以内，几百字以内的比较常见，在140字以内为佳，超过140字的部分会被折叠起来，用户点击"全文"选项就会显示全部。

当前，常见的短微博主要有纯文字的短微博和图文结合的短微博两种内容表现形态，以适应不同的营销需求。

- **纯文字的短微博**。纯文字的短微博主要用于强化账号形象、与粉丝互动、引发粉丝讨论等。一般来说，纯文字的短微博可以结合故事、上新预告、话题讨论、第三方反馈等。

- **图文结合的短微博**。与纯文字的短微博相比，图文结合的短微博更加符合用户的阅读特性，且应用范围更广。一般来说，图文结合的短微博主要分为两种：一种以文字为主、图片为辅；另一种以图片为主、文字为辅。在以文字为主的短微博中，图片一般与文字相匹配，用来补充、强调或说明特定内容。在以图片为主的短微博中，图片中一般只包含关键文字，其句子简练、可读性强，以对偶句最为常见。

（2）头条文章

头条文章一般篇幅较长，通常在千字以上，会花费用户较多的时间和精力阅读。头条文章通常会有明显的"文章"字样的标志，主要由标题和封面、正文组成。

- **标题和封面**。头条文章的标题和封面会直接显示在微博中，用户一眼就可以看见。为引起用户的兴趣，促使用户点击头条文章阅读正文内容，营销人员需要在标题中将能够提供的价值直截了当地表达出来，并选择具有吸引力的封面。图5-4所示为故宫博物院发布

图5-4　故宫博物院发布的头条文章

的头条文章，其标题直接表明文章内容与世界地球日故宫来的新朋友有关，且封面有趣可爱，可以让用户产生好奇心，想要一探究竟。

- **正文**。正文是头条文章的主体，可以是营销人员所在领域或行业的相关知识，可以是对时下热点话题等的评价，也可以是有阅读价值的软文。头条文章的正文必须是有价值的内容。撰写正文时，营销人员应当从目标用户的特点和喜好入手，如目标用户喜欢搞笑的内容，正文内容就可以加入段子、搞笑故事等，这样才能激发用户阅读和讨论的热情，达到营销的目的。

🎓 专家指导

　　除此之外，头条文章还会涉及表达风格和排版。一般来说，头条文章的表达风格应与目标用户的特点相呼应，字号应该适中，标题、重要词语和句子可以加粗显示。

2. 明确文案类型

综合分析后，营销人员选择撰写短微博，主要原因是此次发布微博文案的目的是营销极简酸奶，不用花费太长的篇幅去描述产品，从字数方面看，选择短微博更合适。同时，营销人员准备采用图文结合的方式，以图片为主、文字为辅，用图片展示极简酸奶，用文字告知用户极简酸奶上线。

（二）撰写和发布微博文案

完成微博文案类型的选择后，营销人员根据极简酸奶的相关信息，并结合一些写作技巧来撰写微博文案。常见的微博文案写作技巧包括借助已有热门话题的热度、运用幽默或动人的文字等。由于新产品在儿童节上新，而儿童节是国际节日，热度高，因此，营销人员将借助儿童节的热度，在文案中添加与儿童节相关的元素，具体内容如下。

极简，上新！

轻·自在一直主张还原生活本真，就像这款酸奶一样，不添加蔗糖，给自己减轻负担，也给不能吃糖的孩子享受美食的权利。

完成文案的撰写后，营销人员准备通过微博发布文案，并添加话题#六一儿童节#，具体操作如下。

微课视频：写作和发布微博文案

步骤01 ▶打开微博App，点击首页右上角的 ⊕ 按钮，在打开的下拉列表中点击"写微博"选项，如图5-5所示。

步骤02 ▶打开"发微博"界面，输入营销文案，然后点击"图片"按钮 ⊡，如图5-6所示。

步骤03 ▶打开"图片和视频"界面，点击产品海报（配套资源：\素材\项目五\产品海报.jpg），选中"原图"单选项，点击 下一步(1) 按钮，如图5-7所示，在打开的编辑界面中保持默认设置，点击 下一步 按钮。

图5-5 点击"写微博"选项

图5-6 点击"图片"按钮

图5-7 选择图片

步骤04 ▶返回"发微博"界面，点击文字"极简"前的空白处，点击"话题"按钮 # ，如图5-8所示。在所打开界面的搜索框中输入"六一儿童节"，在搜索结果界面点击第一个话题选项，如图5-9所示，返回"发微博"界面，可看到文案起始处已添加话题"六一儿童节"。

步骤05 ▶点击"发微博"界面右上角的 发送 按钮发布文案，发布效果如图5-10所示。

 职业素养

> 微博文案是营销人员及其他工作人员共同努力的成果，营销人员要学会保护劳动成果，而禁止他人转载就是保护自己劳动成果的一种方式。营销人员在编辑微博文案时，可以点击"图片设置"选项，在打开的界面中关闭"允许他人转载"。

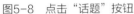

图5-8 点击"话题"按钮　　　图5-9 搜索并选择话题　　　图5-10 发布效果

三、策划微博话题

为了进一步宣传品牌，吸引用户购买产品，营销人员除了在发布文案时植入有热度的话题，还可以策划微博话题。完成微博文案的发布后，营销人员需要根据极简酸奶的特点策划微博话题，以提升新品的营销热度，吸引更多的用户参与话题讨论，进而购买极简酸奶。

（一）选择话题类型

话题以"#……#"的标签形式出现，只要打上了话题标签，当其他用户搜索某话题时，带有该话题标签的内容就会出现在搜索结果中，这样可以提升营销的精准度。

微博话题包括普通微博话题和超级话题（以下简称"超话"），普通微博话题的讨论人数达到一定水平，它就可能升级为超话，从而提升品牌的曝光度，起到营销的作用。

与普通微博话题不同，超话相当于一个兴趣内容社区，因对某一方面或某个人感兴趣而成立的超话，也是一个巨大的粉丝聚集地。营销人员发布超话后，粉丝们只要参与了超话讨论，营销人员发布的内容即使没有打上话题标签，也会显示在超话内页。营销人员如果想让微博中的其他用户看到该内容，可以将其同步至微博，这样既可以吸引原本关注这一超话的用户，也可以让粉丝看到该内容，进而与粉丝展开积极互动。

策划微博话题的目的是促进极简酸奶的销售，由于该产品缺乏广泛的用户基础，因此，营销人员决定选择普通微博话题。

（二）设计话题

选择好话题类型后，营销人员需要根据品牌或产品特点等设计话题。一般来说，在设计话题时，营销人员需要注意以下两点。

- 话题设计应该以微博账号定位为基础，尽量与微博账号发布的内容风格保持一致。例如，某微博账号的定位是足球评论，其发布的内容也是围绕足球评论展开的，在设计话题时就以点评某知名足球比赛为主。

● 话题内容要有吸引力，要能引起用户的传播与讨论，让用户参与话题活动，从而提升话题的热度，营销人员就要使话题的覆盖范围更广。

"轻·自在"官方微博账号的定位是企业微博，其内容大多展现产品的"无添加"，而这一点可以在极简酸奶的"极简配方"上体现出来。营销人员准备在话题中融入"极简生活"4个字。为了确保话题引起用户的兴趣，营销人员还将结合用户的生活和工作特性，在话题中融入"给自我减负"。最终，营销人员设计了两个微博话题，分别是"给自我减负""极简生活，我的生活"，根据话题撰写的微博文案如下。

> #给自我减负#0糖0脂，给生活多一点轻松，给自己多一点自在！
>
> 因为无拘束，所以……美味的酸奶想买就买，想喝就喝，想怎么喝就怎么喝，怎么随意怎么来！这感觉，就是爽！#极简生活，我的生活#。

 案例链接

蜜雪冰城"黑化出圈"，品牌营销还能这样玩

夏季通常是奶茶品牌营销的旺季。2022年夏天，一些奶茶品牌开始在微博头像上做文章，如每日更新不同的有趣头像等。在一众进行微博头像营销的品牌中，蜜雪冰城更是直接将雪白的雪王头像更换为黑色的雪王头像。白与黑的强烈反差以及毫无征兆的更换引起了广大网友的注意和议论，#蜜雪冰城晒黑了#及#雪王被黑了#等话题直接冲上了微博热搜。

正当网友好奇之际，蜜雪冰城官方微博主动参与话题讨论，提出疑问"你猜雪王为什么变黑了？"，如图5-11所示，让话题的热度进一步提升。除此之外，蜜雪冰城还将美团外卖、微信、小红书等平台的账号头像更换为黑色的雪王，并发布微博文案，引导网友一起寻找答案，如图5-12所示。

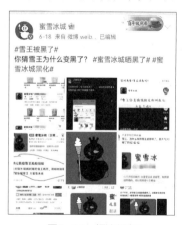

图5-11 提出疑问　　　　图5-12 引导网友一起寻找答案

与此同时，蜜雪冰城线下门店也出现了黑色雪王人偶，黑色雪王人偶与原本的

雪王人偶互动的场景被拍摄成视频并发布到网上，引发了网友的调侃，也进一步提升了话题的热度。最后，蜜雪冰城揭晓了答案——雪王去桑葚园摘桑葚被晒黑了，由此顺势推出了新品芝芝桑葚和桑葚莓莓。除此之外，线下门店也推出了透明雪王形象的吨吨桶，导入黑色雪王的热度。雪王吨吨桶装入桑葚新品后就像一个黑色的雪王，十分可爱，吸引了众多用户购买，很好地促进了新品的销售。

案例思考：

（1）实体店怎么借助微信开展营销？

（2）微信在营销信息的传递方面具有什么优势？

点评： 蜜雪冰城通过微博头像中变黑的雪王引发网友的猜测，并在网友的好奇达到一定程度后主动释放信号，参与讨论，增加话题的热度，同时通过雪王人偶的互动、吨吨桶的推出等形成线上、线下的联动，将线上热度引导到线下门店，完成了一次成功的新品营销。

任务二　开展微博营销活动

微博营销活动的开展非常容易调动用户的参与积极性，取得良好的营销效果。"轻·自在"计划在8月开展微博营销活动，包括线上活动和线下活动，以吸引更多的粉丝，维护与粉丝之间的关系，现要求营销人员同时开展线上和线下微博营销活动，并策划营销活动方案。

微课视频：开展
微博营销活动

一、明确活动类型

微博营销活动主要分为微博线上活动和微博线下活动两大类，每一大类又可以进行细分。营销人员在开展微博营销活动前，需要明确活动类型，并设置活动的具体玩法。

（一）明确微博线上活动

开展微博线上活动可以有效增强用户黏性，提高品牌或产品的影响力。营销人员可以在综合比较各种微博线上活动形式后，选择一个适合开展的活动形式。

1．了解微博线上活动形式

微博线上活动主要有抽奖、话题讨论、有奖征集和有奖问答、投票等，其中抽奖在微博中比较常见。

（1）抽奖

抽奖可用于新品推广、线下活动的宣传、营销信息的扩散等，可以达到吸引用户注意、增加粉丝数、提升浏览量、扩大品牌或产品影响的目的。

抽奖根据奖品的不同主要分为现金抽奖和实物抽奖两种，图5-13所示为不同奖品的抽奖设置界面。从抽奖设置界面中可以看出，以"现金"为例，完整的抽奖应当包含中奖金额、中奖人数、参与方式、是否关注、开奖时间等因素。

为了确保设置的中奖金额、中奖人数等合理，在开展活动前，营销人员需要做好以下4点。

图5-13　不同奖品的抽奖设置界面

- **确定营销目标**。在开展活动前，营销人员需先确定营销活动的目标用户、形式及想要达到的效果。
- **明确活动奖品**。营销人员需明确奖品，且抽奖规则不能存在歧义、误导性，奖品不应具有随机性及不确定性，承诺的奖品也要如实发放到中奖人手中。
- **确定活动时间**。在活动开始前，营销人员需要提前确定活动结束时间，一般来说，抽奖时间不得超过30天。
- **编辑微博内容**。微博内容需包含活动规则、活动奖品和抽奖时间3个部分。营销人员在编辑时要通过微博抽奖平台或直接@微博抽奖平台进行报备。

（2）话题讨论

话题讨论是指营销人员借助已有的热门话题开展借势营销。热门话题本身有热度、讨论度，且易引起用户的共鸣，营销人员可借助热门话题，表达自己的态度、看法，或将其与产品、品牌等连接，吸引关注热门话题的用户。

话题讨论的关键在于话题的选择，营销人员可以在微博热搜榜、微博热议话题中查找与产品、品牌相关的内容，将其作为话题切入点，参与话题讨论，吸引用户加入讨论与互动，扩大信息的传播范围。

（3）有奖征集和有奖问答

有奖征集即提供一些奖品来激励用户发布相应的内容，并在活动结束后，根据内容质量决定中奖者的微博活动形式，如图5-14所示。有奖问答即向用户提出问题，为根据要求答对问题者发放奖品的微博活动形式，如图5-15所示。

如果要开展有奖征集或有奖问答活动，营销人员需要提前确定好活动主题、活动时间、参与要求等要素。

（4）投票

投票是一个能够很好地提高用户活跃度的活动形式，即通过设立选项，吸引用户投票讨论，如图5-16所示。

图5-14 有奖征集　　　　　图5-15 有奖问答　　　　　图5-16 投票

2.选择微博线上活动形式

若微博营销活动的目的是吸引更多粉丝，营销人员需要选择可以设置参与条件的活动，在这方面，抽奖、有奖征集和有奖问答皆满足要求。而在这些活动形式中，抽奖更容易实现且对用户的吸引力更大：一方面，用户通过抽奖可以获得奖品；另一方面，品牌可以将奖品设置为品牌产品，为用户提供试用产品的途径，从而进一步推广产品。最终，营销人员选择将抽奖作为微博线上活动。

（二）明确微博线下活动

与微博线上活动相比，微博线下活动针对的地域与人群会更加精准，获取的用户会更加真实可靠。常见的微博线下活动主要有线下分享会、线下见面会、线下品牌活动、线下演讲、线下培训等。

微博线下活动根据规模的大小，会表现出不同的组织难度。为了保证活动的顺利开展，营销人员需要进行清晰完整的策划，在策划过程中需要关注以下几个方面。

- **活动计划**。活动计划是指对活动的具体安排，主要包括活动的团队名单、任务分配、宣传方式、报名方式、活动名称、活动主题、活动目的、活动日期、活动地点、参与人员、活动流程、费用、奖品、合影和后续推广等，以及每一阶段工作的进展。
- **团队分工**。微博线下活动的团队分工主要包括策划统筹人员、宣传推广人员等，微博线下活动团队分工如表5-3所示。

表5-3 微博线下活动团队分工

分工	具体内容
策划统筹人员	负责制定活动方案，把控活动方向，统筹活动安排等
宣传推广人员	发布微博活动信息、设计和发布活动海报、邀请媒体
对外联系人员	负责筛选和洽谈活动场地、购置活动设备、邀请活动嘉宾
活动支持者	在活动现场开展活动流程的人员，包括活动接待人员、签到管理人员、设备管理人员、摄影人员、主持人等
总结复盘人员	对活动的效果进行总结和反馈，生成复盘报告，为下一次的线下活动总结经验

此次营销活动实质上是一场引流活动，不适合开展线下分享会、线下见面会等，因此，营销人员选择开展线下品牌活动，在推广品牌理念的过程中实现拉新。

二、策划微博营销活动

想要达到预期的营销效果，营销人员还要进行周密的营销活动策划。由于此次营销活动不只涉及线上活动，还涉及线下活动，因此，营销活动策划不仅需要确定活动目的、活动玩法和规则等，还需要确定活动时间、活动形式、推广渠道等内容，微博营销活动策划内容如表5-4所示。

表5-4 微博营销活动策划内容

项目	详细描述
活动目的	常见的微博营销活动目的有增加粉丝量、推广产品、提高品牌知名度、促进销售等
活动时间	包括活动的策划时间、筹备时间、开展时间、复盘时间等
活动形式	明确活动形式，是微博线上活动还是微博线下活动，是抽奖还是投票等
活动玩法和规则	活动的具体实施，可参考表5-5的内容
推广渠道	分为内部推广渠道和外部推广渠道。其中，内部推广渠道即微博平台的推广渠道，包括投放微博广告、邀请微博达人推广等；外部推广渠道即其他新媒体平台的渠道
活动费用	活动的预算，包括奖品费用、广告费用、活动道具费用、餐饮费用和人员工资等
活动预期效果	预估的活动效果，可量化为粉丝增长数、阅读量、讨论量、转发量、订单量等

结合此次营销活动的目的和品牌广告语，营销人员策划了表5-5所示的微博营销活动方案。

表5-5　微博营销活动方案

项目	详细描述	
活动目的	吸引更多的粉丝	
活动主题	自在生活，热爱无处不在	
活动时间	策划时间	7月10日—7月17日
	筹备时间	7月18日—7月31日
	开展时间	8月1日—8月10日
	复盘时间	8月11日
活动形式	线上抽奖、线下品牌活动	
活动玩法和规则	线上：抽奖	流程：前14天每天在特定时间发布抽奖信息，最后一天公布时间规则，奖励发现时间规则的用户 时间规则：根据"轻·自在"拼音字母的排序，具体发布时间由字母在键盘上的位置（从上往下、从左往右）和对应的数字（数字之和）决定，且时间的十位数都是1 例如，"q"在键盘上位于字母区域的第一排，对应数字1和2的中间，那么第一天的具体发布时间即为10+1（字母排序）：{1（字母排序）+（1+2）}=11：04，第二天（"i"）的具体发布时间为18:25 参与条件：关注+转发 中奖人数：每次抽取3名用户 奖品：12瓶装极简酸奶一份
	线下：品牌活动	城市：在与当日时间所指代的字母保持一致的车牌号相对应的城市（如果重复，选目标用户更多的城市），具体地点待定，如第1天（Q）对应的城市就有浙Q 活动形式：歌曲演唱快闪活动，歌曲为《青春舞曲》 参与条件：用户只要在场就可以参与 具体活动时间：每天15:00
推广渠道	微博	
活动费用	奖品费用	1500元
	达人推广费用	3600元
	表演团队费用	300元/人
	摄影费用	300元/天
活动预期效果	新增粉丝1万人	

 案例链接

饿了么免单，线上、线下双赢

2022年11月，饿了么再次联合众多商家推出免单服务，引起了广大用户的兴趣。饿了么的数据显示，在世界杯开赛前3日，饿了么夜宵时间段的酒水外卖订单环比增长30%。另外，饿了么还在App内推出"猜球赢全年免单"活动，在借势世界杯的同时为免单服务增添了许多乐趣，进一步推动了订单量的增长，赢得了不少球迷用户的好感。

饿了么的免单服务还要追溯到2022年夏天。就在其他外卖平台还在专注于线上营销时，饿了么在线下开展了免单服务，并凭借免单服务一举登上微博热搜，甚至衍生出了"饿了么免单时间""饿了么短信""谢谢饿了么"等话题。

当时，部分用户反映在点外卖时收到了免单短信，怀疑可能是平台系统出现了问题。随后，越来越多的用户表示收到了免单短信，这就引起了未收到短信用户的质疑，再加上饿了么官方始终未回应此事件，一场关于"平台是否推出了免单服务"的博弈开始了，且声势越来越浩大。饿了么也因此在微博热搜榜上停留了许久，并带动了更多的用户下单。

紧接着，饿了么官方微博给这场博弈定下了结论。饿了么给出了一道题和免单攻略，让大家猜测下次免单的时间，激起了用户强烈的好奇心和想要免单的决心，由此拉开了"猜答案免单"活动的序幕，图5-17所示为饿了么给出的免单时间猜测题目和免单攻略。用户纷纷化身"数学家"，研究免单的时间规律，结果发现将分钟数连起来是圆周率（见图5-18）。

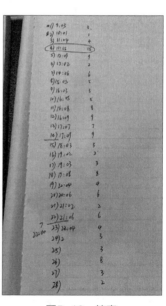

图5-17　饿了么给出的免单时间猜测题目和免单攻略　　　图5-18　答案

2022年9月2日，为期74天的"猜答案免单"活动结束。据不完全统计，该活动在各大新媒体平台上的曝光量超过了百亿次，并为线下商家带来了巨大的订单量。以温州的古茗门店为例，在活动期间，其外卖销售额平均提升了约20%。

案例思考：

（1）文案标题运用了什么写作技巧？

（2）文案采用什么写作结构，表达了什么中心思想？

点评：饿了么的免单活动以线上为起点，通过在微博发酵引起用户的兴趣，并用猜答案等具有趣味性的方式激发用户的参与积极性，刺激用户下单，很好地实现了线上和线下的双赢。

📈 任务实训 ●●●●●

一、为"农禾"打造微博账号并发布微博话题

【实训背景】

随着公司名气越来越大，为更好地推广公司和产品，"农禾"计划开设微博账号，将其作为官方的营销渠道之一，发布公司及产品营销信息。为了引起用户对微博账号的关注，"农禾"还将发布微博话题。现在，郝安需要设置新开设的微博账号信息，并策划微博话题。

【实训要求】

（1）制定微博账号设置方案，包括微博账号类型、头像、昵称、简介等。

（2）策划与微博账号定位相匹配的微博话题，并发布微博文案。

【实训过程】

`步骤01` ▶ 制定微博账号设置方案。就微博账号类型而言，郝安要为公司开设微博账号，因此选择开设企业微博账号；就头像而言，为方便用户识别，且与微信等平台保持一致，可以使用同一图像——公司Logo作为微博账号头像；就昵称而言，"农禾"这一名称象征着公司的身份，且已经积累了不少用户资源，可以直接使用"农禾"作为微博昵称；就简介而言，"农禾"的产品品质优良，为突出这一特点，可以将简介设定为"买好产品，到农禾"。

`步骤02` ▶ 设置微博账号。打开微博App，登录微博账号，将头像设置为公司Logo，将昵称设置为"农禾"，将简介设置为"买好产品，到农禾"。

`步骤03` ▶ 策划微博话题。微博账号主要发布公司信息和营销产品，微博话题也应该与公司和产品相关。由于"农禾"初次开设微博账号，因此，郝安可以围绕这一事件策划微博话题，如"农禾来啦"。

`步骤04` ▶ 撰写微博文案。为搭配微博话题，郝安还需要撰写与话题相关的微博文案，如"朋友们，初次见面，请多关照"。

`步骤05` ▶ 发布微博文案。在"发微博"界面点击"话题"按钮 #，在所打开界面的搜索框中输入"农禾来啦"，返回"发微博"界面后，在话题后面输入"朋友们，初次见面，请多关照"，适当添加表情包和公司主推产品的图片（配套资源：\素材\项目五\产品图片\），然后发布话题，效果示例如图5-19所示。

图5-19 效果示例

二、为"农禾"策划微博营销活动

【实训背景】

为维护与老用户之间的关系，"农禾"将公司成立的日子——9月15日定为会员日，并规定会员日当天，所有在官网购买产品的会员均可享受全场8.5折优惠。距离首个会员日还有3天，郝安需要为"农禾"策划微博营销活动。

【实训要求】

（1）根据活动目的确定活动主题。

（2）明确线上活动形式，并策划会员日微博营销活动方案。

【实施过程】

步骤01 ▷ 确定活动主题。活动目的为预热和宣传会员日，活动主题可以直接是"会员日预告"。

步骤02 ▷ 确定线上活动形式。对"农禾"公司而言，会员日是一个较为重要的节日，因此，郝安可以综合采用多种营销方式。就线上而言，郝安可以采用抽奖和话题讨论这两种营销方式，通过抽奖为会员日造势，通过话题讨论提升活动热度。在抽奖造势方面，郝安可以直接在文案开篇设置微博话题"农禾会员日"，并表明这是为会员日设置的抽奖，然后输入抽奖内容，将抽奖规则设置为"关注+转发"，提升"农禾会员日"这一话题的热度；在话题讨论方面，郝安可以通过丰富活动内容来扩大"农禾会员日"话题的影响，如规定在特定时间购买产品的会员可享受免单等。就线下而言，与"农禾"合作的商超不一，不方便直接开展线下活动。

步骤03 ▷ 确定活动文案并形成活动方案。需要借助文案将活动信息传达给用户，文案内容可以直接告诉用户活动的开始时间和规则。确定好活动文案后即可形成最终的微博营销活动方案，表5-6所示为郝安策划的会员日微博活动方案（部分）。

表5-6 郝安策划的会员日微博活动方案（部分）

项目		详细描述
活动目的		预热和宣传会员日
活动主题		会员日预告
活动形式		抽奖、话题讨论
活动玩法	抽奖	开展时间：会员日到来的前3天内，每天发布一次，每次于早上9:15发布
		中奖人数：每次10人
		奖品：任意产品体验装一份
		活动规则：关注微博账号并转发该条微博
活动玩法	抽奖	活动文案一： #农禾会员日#农禾首个会员日倒计时3天！ 会员日当天，所有在官网购买产品的会员均可享受全场8.5折优惠！ 买到就是赚到，错过就只能等下一年了！ 关注我，并转发这条微博，抽10个小伙伴送任意产品体验装一份

知识巩固

1．选择题

（1）【单选】企业高管的微博账号属于（　　　　）。

　　A．个人微博　　　　　　　　　B．企业微博

　　C．政务微博　　　　　　　　　D．组织机构微博

（2）【单选】一般情况下企业微博的头像不会是（　　　　）。

　　A．企业Logo　　　B．企业名字　　　C．企业拟人形象　D．个人照片

（3）【多选】微博线下活动包括（　　　　）。

　　A．线下分享会　　B．线下品牌活动　C．线下见面活动　D．线下演讲

2．判断题

（1）政务微博可以随意发言。　　　　　　　　　　　　　　　（　　　）

（2）微博话题以"#……"的标签形式出现。　　　　　　　　　（　　　）

（3）有奖征集即提供一些奖品来激励用户发布相应的内容。　　（　　　）

3．简答题

（1）简述微博账号的组成。

（2）简述微博话题的策划流程。

4．实践题

（1）为冰激凌品牌"泛悦"打造微博账号，该品牌的理念是"传递快乐"（配套资源：\素材\项目五\品牌Logo.png）。

（2）为"泛悦"开展的"买2送1"新品活动策划微博话题。

（3）为"泛悦"开展的新品活动撰写微博文案。

项目六

短视频营销

● 项目背景

　　当前，短视频在新媒体营销中非常常见，其创作门槛低、碎片化、社交属性强等特点赋予了新媒体营销更多的生机与活力。本项目将以饰品品牌"奇物银饰"的短视频内容定位、短视频营销内容策划等为例，系统介绍短视频营销的基础知识和开展方法。

● 知识目标

- 熟悉短视频营销的优势、短视频内容的表现形式和短视频内容定位。
- 掌握策划短视频营销内容、制作与推广短视频的方法。

● 技能目标

- 能够打造具有特色的短视频账号。
- 能够撰写短视频脚本。
- 能够使用剪辑工具剪辑短视频。

● 素养目标

- 培养媒介素养，通过短视频促进知识的传播、交流和学习。
- 培养边界意识和求真意识，不人云亦云。

任务一 初识短视频营销

"奇物银饰"是一个主营银饰的品牌。品牌的目标用户为18~30岁的女性，这些用户通常在下班后、有购物需求的时候通过抖音观看饰品类短视频，观看的内容多与好物分享、搭配技巧有关。为了进一步提升品牌知名度，现"奇物银饰"要求营销人员打造短视频账号，做好账号定位，并借助短视频营销品牌和产品。

微课视频：初识短视频营销

一、短视频营销的优势

作为新媒体营销的新兴方式，短视频营销凭借符合用户的碎片化需求、能带动用户情感、目标精准、易于传播、社交属性强等优势获得了众多品牌和用户的青睐。营销人员了解短视频营销的优势更有利于其营销活动的开展。

- **符合用户的碎片化需求**。智能手机的全面普及和5G时代的到来，增加了用户碎片化浏览信息的需求，而短视频则以简短的视频直观地呈现营销信息，减少了用户获取信息的时间，使用户可以随时随地获取想要的信息。
- **能带动用户情感**。短视频往往拥有符合情境的配乐、文字等，更能够带动用户的情感，使其与品牌或产品建立情感连接。
- **目标精准**。只有对产品、品牌及短视频内容感兴趣的用户，才会对短视频产生兴趣，并持续关注，甚至由关注者变为传播分享者，将短视频分享给与自己拥有相同特征和兴趣的用户。
- **易于传播**。短视频不仅制作门槛较低，且时长短，符合用户碎片化浏览的需求，容易通过社交媒体传播。
- **社交属性强**。用户可以针对短视频发起自主讨论，并直接传播短视频，这使得短视频营销具有强烈的社交属性。

二、短视频内容的表现形式

短视频内容的表现形式多样，不同的表现形式有不同的特点，常见的短视频内容表现形式如表6-1所示。

表6-1 常见的短视频内容表现形式

名称	详细描述	特点	注意事项
才能展示	展示舞蹈、乐器演奏、书法、棋艺、歌唱等才能	具有一定的观赏性	出镜人员自身应当具有一定的才能
街头采访	通过提出用户较为关注的问题，采访街边路人的看法，以街边路人的反应和回答吸引用户观看	正式，也可能很有趣，经过剪辑、配上字幕能够达到较好的效果	需要先准备好能够引起用户注意的问题，才能拍摄出有价值的短视频

名称	详细描述	特点	注意事项
搞笑吐槽	一般针对日常生活中一些具有争议性的话题及社会现象进行"吐槽"	轻松幽默，能够带给用户快乐	需要出镜人员有较强的语言组织能力，能够运用幽默的语言及表达形式
生活记录	将生活中的琐碎事件用手机、相机等记录下来，经过剪辑、配乐、添加字幕后发布，通过生活中的小事吸引用户	反映个人的真实生活，贴近用户心理，或能解决用户的某一痛点	持续分享，且内容贴近真实生活
好物/技巧分享	分享一些好用的产品或小技巧，用于解决生活中可能遇到的问题等	实用性强，容易为用户所接受	需要能够解决用户的痛点
影视解说	对电影、电视剧、动漫等内容进行解说	或幽默风趣，或节奏缓慢，使用户有代入感	须先找好需要解说的素材，厘清解说思路，剪辑短视频，再配上字幕和解说
产品评测	主要通过拆箱、试穿等形式，亲自测试产品的质量以及使用效果，可以为用户购物提供指导性意见，甚至激发用户的购买欲望	参考性强，具有一定的说服力	评测方式和结论等应当较为科学，具有一定的代表性

三、短视频内容定位

短视频内容是短视频营销的重点，在开始营销前，营销人员需要做好短视频内容定位，以区分本品牌和其他品牌的短视频账号。营销人员可以从以下两方面入手做好短视频内容定位。

- **确定行业领域**。营销人员在进行短视频内容定位时，首先需要确定内容所属的行业领域。就"奇物银饰"的短视频账号而言，该账号主要营销品牌或产品，而"奇物银饰"属于饰品领域，其产品为饰品，短视频的主要内容应当围绕品牌和饰品来进行打造。
- **明确用户需求**。短视频营销以用户为核心，营销人员在进行内容定位时，需要考虑用户的需求，通过满足用户的需求，达到吸引用户关注的目的。"奇物银饰"的目标用户期望通过浏览短视频发现一些好看的饰品以及搭配的小技巧，那么短视频内容可以围绕好物分享和产品的搭配技巧展开。

"奇物银饰"的短视频内容就定位而言，可以划分为两大部分：一部分是关于品牌的，如品牌广告；另一部分是关于产品的，如分享产品及其搭配技巧。

四、短视频营销方法

短视频为产品和品牌植入提供了空间，营销人员要想做好短视频营销，提升品牌的知名度、用户的忠诚度，使用户产生品牌联想，还需要运用一定的短视频营销方法。常见的短视频营销方法如下。

- **多元化植入广告**。品牌借助短视频开展营销，一般会在短视频中植入品牌广告。在植入广告时，可以使用台词植入、道具植入、场景植入或奖品植入的方法，让广告植入更加自然。其中，台词植入是指借助演员的台词将品牌或产品名称、卖点等讲述出来；道具植入是指把产品或品牌标志等作为道具呈现在画面中；场景植入是指将产品作为短视频场景中的背景，通过故事的线索自然呈现出来；奖品植入是指在短视频中将产品作为奖品发放给用户。
- **融入社交话题**。要使短视频营销取得成功，就要让短视频中的话题具有社交属性，即能够引起用户的广泛讨论，让用户与品牌互动。这时，营销人员可以在短视频中融入社交话题，如与爱情、职场、消费、信息安全等相关的热门话题。
- **借助名人的力量**。借助与品牌调性相契合的名人的力量，如邀请名人参与拍摄短视频，可以进一步扩大短视频的传播范围。常见的用于短视频营销的名人包括意见领袖（某领域有人格魅力、综合能力较强、有一定权威的人）、艺人等。
- **寓教于乐**。观看短视频不仅是用户娱乐休闲的一种方式，也是用户接受知识和技能的一种途径，品牌如果能够将知识融入短视频，通过短视频向用户分享各种知识，就可以有效提升品牌的影响力。

在具体的短视频营销中，营销人员可以视情况而定，选择合适的营销方法，可以选用一种，也可以选用多种。

 案例链接

美团《去追光，身上就有光》，照亮平凡

2022年7月17日，美团发布了短视频《去追光，身上就有光》，讲述了平凡的外卖员不平凡的故事。

短视频通过"刹""赴""默""追"4个章节，分别讲述了4位外卖员在送餐过程中遇到的事，包括有人跳河、店铺失火、店主煤气中毒等。面对这些状况，他们毫不犹豫地伸出援手，在拯救他人之后又默默离开，继续完成自己的订单配送任务。图6-1所示为短视频片段截图。

图6-1 短视频片段截图

短视频整体为黑白色调，只有当外卖员助人离开后，画面中身着黄色美团配送服的外卖员才变为彩色，成为一道亮眼的光。在故事结尾，短视频提出了一个问题"你见过有人在追光吗？"，然后回顾了美团给外卖员的福利，最后通过"不是每个人都要成为那最亮眼的光，但只要去追光，身上就有光"揭晓了答案，也揭示了主题。短视频在体现外卖员助人为乐的同时，也彰显了品牌的社会责任感，引起了广大用户的共鸣。

案例思考：

（1）该短视频中如何传递内容主题？

（2）该短视频中采用了什么方式植入广告？

点评： 该短视频聚焦外卖员，通过外卖员不平凡的行为鼓励用户追光，具有很强的感染力。同时，该短视频通过外卖员助人前后色彩的反差，进一步呼应了主题，具有一定的创意。

任务二　策划短视频营销内容

近期，"奇物银饰"推出了以"万物有灵"为主题的系列项链，该系列项链以动物和植物为主要元素，传递了关注生态、与自然和谐相处的理念。其中，最新一款产品为以锦鲤为主要元素的项链，其主色为玫瑰金色和红色。"奇物银饰"现要求营销人员围绕新产品策划并制作短视频，以营销该产品。

微课视频：策划
短视频营销内容

一、策划短视频选题

选题是创作短视频的第一步，直接关系到短视频内容最终的关注度和播放效果。因此，营销人员首先要做好短视频选题策划。

（一）确定短视频选题

在策划短视频选题前，营销人员首先要明确选题是什么。一般来说，选题是当前对某件事、某个产品或某个观点等的看法。选题通常来源于两方面：一是各新媒体平台的热门榜单，二是营销人员的日常积累。在确定短视频选题时，营销人员需要从以下5个维度来考虑选题是否合适。

- **频率**。营销人员需要考虑选题是否为用户高频关注的内容。一般来说，关注度越高的选题越容易促进短视频内容的传播。
- **难易**。选题的制作难度不同，营销人员需要考虑自身是否有能力支撑起选题背后的内容生产和运营。
- **差异**。同一个选题可能有很多短视频账号都在做，营销人员需要考虑如何让选题与同类账号的选题有差异，让用户更容易识别。
- **角度**。营销人员需要考虑从哪种角度来呈现选题，是第一视角、第二视角还是第三视角，不同的角度适用于不同的营销情况。
- **行动成本**。短视频营销一般会触发用户的某些行动，如点赞、评论、购买等，因此，营销人员在确定选题时需要思考该选题给用户带来的行动成本。一般来说，行动成本越低，越容易触发用户更多的行为，促进短视频营销的开展。

就"奇物银饰"此次的短视频营销而言，其主角是新产品，而新产品是以锦鲤为主要元素的项链，因此，营销人员将此次短视频的选题初步确定为"锦鲤项链"。不管是锦鲤还是项链都是很多用户高频关注的话题，且从产品本身出发的短视频选题可以与其他选题形成一定的差异。

（二）优化短视频选题

一般来说，优秀的短视频选题需要具备一定的价值，营销人员可以根据以下价值对选题进行优化。

- **功能价值**。功能价值是指短视频内容能够被用户应用到实际生活中。有实际应用价值的功能性短视频，能够帮助用户解决生活中的问题，吸引用户关注账号，从而提高账号的影响力。
- **情感价值**。好的短视频内容能够向用户传递某种情感，或使用户产生情感共鸣。因此，情感价值也是确定选题时可以考虑的一部分。例如，介绍中华田园犬的短视频可以吸引众多喜欢中华田园犬的用户，营销人员可以通过短视频与这些用户建立情感连接，同时用户也可以在评论区交流互动，从而实现用户与用户的情感沟通。
- **社会价值**。社会是人类生活的大环境，不少用户关心社会的发展。营销人员可以从用户普遍关注的社会事件中寻找选题，传播正确理念，体现品牌的责任担当。
- **认知价值**。认知价值是指短视频内容可以加深用户对某事物的认知。例如，介绍传统习俗的短视频可以让用户深入了解传统文化，扩大用户的知识面。

"奇物银饰"的系列产品传递了关注生态、与自然和谐相处的理念，很好地体现了品牌的社会担当，营销人员可以结合社会价值对选题进行优化，如将选题优化为"万物有灵·锦鲤"。

二、规划短视频内容

在规划短视频内容时，营销人员要做好写作准备，明确短视频的拍摄时间、地点，并搭建短视频内容框架、填充短视频内容细节。

（一）明确短视频的拍摄时间、地点

短视频拍摄涉及拍摄时间、拍摄地点等的确定，营销人员写作前需要确定好短视频的拍摄时间、地点等。

- **拍摄时间**。确定拍摄时间不仅有助于尽快落实拍摄方案，提高工作效率，还有助于提前与摄像人员约定拍摄时间，规划好拍摄进度。
- **拍摄地点**。不同的拍摄地点对布光、演员和服装等的要求不同，提前确定拍摄地点可以在一定程度上规避因布光、演员安排不当等导致的问题，也有助于进行短视频内容的填充。

（二）搭建短视频内容框架

搭建短视频内容框架时，营销人员需要确定通过什么样的内容细节及表现方式

展现短视频的选题，包括人物、场景、事件、情节、镜头的运用、景别、时长、背景音乐/音效等，并对此做出详细的规划。

- **人物**。明确主角的数量，以及每个主角的设定、作用等。
- **场景**。故事发生的地点。
- **事件**。短视频内容主要讲述的故事，包括起因、经过、结果。
- **情节**。把主题内容通过各种场景进行呈现，在短视频脚本中会拆分得比较细，通常1个情节可能被拆分为多个镜头去展现。
- **镜头的运用**。镜头的运动方式，包括推、拉、摇、移等。
- **景别**。拍摄时拍摄对象在摄像机中呈现的范围，包括特写、近景、中景、全景、远景等。
- **时长**。单个镜头的时长。在短视频脚本中明确单个镜头的时长，可以增强故事的表现力，方便后期的剪辑。
- **背景音乐/音效**。背景音乐可以烘托画面氛围、渲染主题，在脚本中明确背景音乐，不仅可以让摄像人员进一步了解短视频主题，还可以让剪辑工作更加顺利。

知识链接：镜头的运用和景别

结合选题，营销人员搭建的部分短视频内容框架如下。

主角：锦鲤项链。

场景：室内。

事件：展示新产品。

情节：女子用手抚过项链；女子打开装有项链的礼盒，并展示礼盒；女子将项链放在掌心；女子将项链悬在空中。

时长：11秒。

背景音乐：舒缓、浪漫的音乐。

（三）填充短视频内容细节

搭建好内容框架之后，营销人员需要填充更多的内容细节，以增强短视频内容的感染力，也为后续撰写脚本提供依据。除了细化情节，短视频脚本中需要填充的常见的内容细节如下。

- **机位选择**。机位是摄像机相对于拍摄对象的空间位置，包括正拍、侧拍或俯拍、仰拍等。
- **台词/字幕**。台词可以刻画人物形象、凸显主题等，不同的场景和镜头可以对应不同的台词。台词应精练、恰到好处，能够充分表现内容主题。例如，60秒的短视频，台词最好不要超过180字。字幕有助于内容的表达，恰当的字幕也可以优化短视频效果。

为更好地撰写脚本，营销人员细化了情节，并填充了机位、字幕等。以"女子用手抚过项链"为例，相关短视频内容细节如下。

正面拍摄，特写，女子用左手握住项链的尾部，将带有锦鲤的吊坠部分放置在左手手背上，右手自右上方从上往下抚过项链。

结尾字幕：奇物银饰 万物有灵·锦鲤。

三、撰写短视频脚本

短视频脚本是短视频的发展大纲，可以用于确定内容的发展方向，为后续的拍摄、制作等工作提供流程指导，提高拍摄效率。短视频脚本一般分为提纲脚本、分镜头脚本和文学脚本，不同脚本的特点和适用对象不同，营销人员可以根据需要选择合适的脚本，然后在脚本中填充内容。

- **提纲脚本**。短视频的拍摄提纲，主要包括拍摄要点及要点阐述两大部分，具体要点通常包括选题、视角、景观、画面等。提纲脚本对拍摄有一定的提示作用，适用于一些不容易提前掌握或预测内容的短视频，常用于新闻类、旅行类短视频。

- **分镜头脚本**。以文字的形式直接表现不同镜头的短视频画面，主要包括景别、镜头运用、机位选择、画面/内容、台词、背景音乐、时长等项目。分镜头脚本在内容上更加精细，撰写起来比较耗费时间、精力，适用于有剧情且故事性强的短视频。分镜头脚本分为图文集合分镜头脚本（见图6-2）和纯文字分镜头脚本两种，表6-2所示为以纯文字分镜头脚本呈现的淘宝短视频《特殊的好评》的部分分镜头脚本。

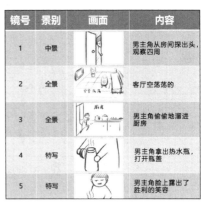

图6-2 图文集合分镜头脚本

- **文学脚本**。文学脚本通常只呈现故事梗概，只需要写明短视频中的主角需要完成的事情或任务、所说的台词和整条短视频的时长等。文学脚本常用于教学、评测和营销类短视频，也适合个人短视频创作者和中小型短视频团队使用。

表6-2 纯文字分镜头脚本

镜号	景别	拍摄方式	画面内容	台词	背景音乐/音效	时长
1	全景	推镜头，俯拍	在露天庭院里，3个工作人员正在低头忙碌着，一人穿着青衫从画面左下角走过来，将手里的东西递给中间的工作人员，一人端着东西从他身后走过		切割材料的声音、手机系统提示音	4秒
2	全景	推镜头，俯拍	昏暗的工作室内，一人正坐在一个摆满了器械的工作台旁工作		制作器械的声音、手机系统提示音	4秒
3	全景	推镜头，俯拍	一个头戴红帽的女生正在摆放卡片，而摆放卡片的桌子上摆满了各种衣物、配饰等	你的好评，会给什么样的人	摆放卡片的声音、手机系统提示音、台词声	5秒

续表

镜号	景别	拍摄方式	画面内容	台词	背景音乐/音效	时长
4	全景	移动镜头，俯拍	一辆货车在路上疾驰	特殊的好评	抒情的背景音乐、货车疾驰的声音、台词声	3秒
5	全景	固定镜头，俯拍	一张薄膜慢慢地从画面中移走，露出绿植，3位工作人员在绿植中间忙碌着	也许，是在你的手机熄屏后	抒情的背景音乐、揭开薄膜的声音、台词声	4秒
6	全景	移动镜头，背面拍摄	一名男子背对着镜头，拖着行李箱向着礼堂的另一头走去		抒情的背景音乐、拖动行李箱的声音	2秒
7	中景	移动镜头，侧面拍摄	服装拍摄室内，服装店老板一边侧头与员工交流，一边向着正在参与拍摄的模特走去	仍然在全情投入	抒情的背景音乐、交流声、台词声	2秒
8	特写	固定镜头转移动镜头，侧面拍摄	服装店老板从衣兜里掏出手机查看	日夜不停的人	手机系统提示音、台词声	4秒

　　对于"奇物银饰"这个短视频而言，撰写提纲脚本和文学脚本过于简单，不便于拍摄和后期剪辑，撰写图文集合分镜头脚本又需要具备一定的绘画基础，因此，营销人员选择撰写纯文字分镜头脚本。新产品纯文字分镜头脚本如表6-3所示。

表6-3　新产品纯文字分镜头脚本

镜号	景别	拍摄方式	画面内容	字幕	背景音乐	时长
1	近景	固定镜头，正面拍摄	女子用左手握住项链的尾部，将带有锦鲤的吊坠部分放置在左手手背上，右手从右上方从上往下抚过项链		表现浪漫的背景音乐	2秒
2	近景	推镜头，正上方拍摄	女子用手拿着打开的装有项链的礼盒，轻轻地左右摇晃			3秒
3	近景	固定镜头，正面拍摄	项链躺在女子的手掌上，手掌轻轻地摇晃			4秒
4	近景	固定镜头，正面拍摄	女子用两只手握住项链的链条，让带有锦鲤的吊坠部分垂悬在空中，并轻轻摇晃		表现浪漫的背景音乐	2秒
5			黑幕、字幕	奇物银饰万物有灵·锦鲤		1秒

专家指导

在撰写短视频脚本时，可以套用一些公式。例如，搞笑段子=熟悉的场景+反转1+反转2，正能量/励志=故事情景+金句+总结，教程教学=提出问题+解决方案+展示总结，好物推荐=产品+亮点1+亮点2+亮点3+总结。

四、筹备拍摄场地和设备

短视频的拍摄需要一定的场地和设备支持，在正式拍摄前，营销人员需要筹备拍摄场地和设备。

（一）筹备拍摄场地

短视频拍摄场地分为室内场地和室外场地，不同拍摄场地的适用内容和特点不同，拍摄场地如表6-4所示。

表6-4　拍摄场地

场地	详细描述	适用内容	特点
室内场地	居家住所	展示亲情、爱情、友情和与宠物之间的感情，甚至可以是独处的状态	可以根据房间的不同表达不同内容
	宿舍	展示宿舍生活、搞怪表演、正能量互动、同学间的友谊、个人才艺等	适用于面向年轻人的短视频内容
	健身房	健身教学、运动器材展示等	适用于健身、运动类短视频内容
	办公室	表现职场关系的各种剧情故事、办公室娱乐场景和职场技能教学等	可以给参加工作的用户以很强的代入感
室外场地	运动场	展示对抗性运动、高难度运动挑战等	视野较为开阔，能够容纳很多的信息
	专业工种室外工作场所	展现该职业的工作内容	能让用户感受不同的工作氛围
	野外	展示采集（如采蘑菇）、户外旅游、钓鱼、赶海等活动	视野开阔，环境新奇
	街头	展示与陌生人的互动、路边趣闻、街头表演等	与大多数用户的日常生活密切相关

项链本身属于小件产品，对拍摄场地的大小没有特殊要求，在室内拍摄即可。但项链属于金属产品，需要突出光泽感，对光线的要求较高，营销人员应当选择一个光线较好的室内场地。

（二）筹备拍摄设备

拍摄设备主要包括摄像器材、辅助器材和拍摄道具等，具体如下。

1．筹备摄像器材

常见的摄像器材主要包括手机、相机和无人机。其中，手机操作便捷，使用门槛

较低，是主流的短视频摄像器材；相机的画质更好，用于短视频拍摄的相机主要有单反相机、微单相机和运动相机，单反相机和微单相机一般用于拍摄追求"电影感"的高质量短视频，运动相机适合拍摄各类运动纪实类短视频；无人机具有高清晰度、大比例尺、小型轻便等优点，适合在拍摄自然、人文风景等大全景的时候使用。

项链体积较小，使用手机就可以拍摄，且手机更方便操作，因此营销人员选择使用手机拍摄短视频。

2．筹备辅助器材

为了保证短视频的拍摄质量，有时候还需要使用一些辅助器材，如脚架、稳定器和补光灯等。其中，话筒起着收音的作用；脚架用于支撑摄像器材，常见的有独脚架和三脚架，如图6-3所示；稳定器用于保证画面的稳定，常用于移动拍摄场景中，特别是手持稳定器（见图6-4）；补光灯用于优化光线条件，常在光线条件不佳时使用。

图6-3　独脚架和三脚架　　　　　图6-4　手持稳定器

在辅助器材方面，由于短视频中的人物没有台词，因此不用准备话筒。为确保画面稳定，营销人员准备了手持稳定器，同时还准备了补光灯，可在光线条件不佳时使用。

3．筹备拍摄道具

短视频拍摄通常会用到两种道具：一种是根据剧情需要而布置在场景中的陈设道具，如办公桌上用于充实场景的盆栽；另一种是直接参与剧情或与人物动作直接发生联系的戏用道具，如假发、头套、发簪等，起着修饰人物形象、渲染气氛、串联故事情节、深化主题等作用。

根据短视频脚本，该短视频的主要出镜对象有项链、礼盒、女子的手，因此，营销人员准备了项链、礼盒，并邀请了手部状态与项链气质相符的模特。图6-5所示为项链和礼盒。

图6-5　项链和礼盒

京东《挣个面子》，讲述新农人的心声

随着农业技术的发展，越来越多有知识、有技能的人投身于我国农业建设，为我国农业发展注入新的要素和生命力，并逐渐形成了具有代表性的群体——新农人。新农人有什么优势呢？用户为什么要购买他们培育的农产品呢？

2022年9月，京东推出了短视频《挣个面子》，通过用户普遍在意的"面子"，结合幽默有趣的表达表露了新农人的心声。短视频以"不负撒下种子的人，也不负拿起筷子的人"为主题，以江苏宿迁霸王蟹为主线，在开头就通过"这蟹是什么，它是个面子"将霸王蟹比作江苏宿迁人的面子，然后通过"可面子为啥都留在过去呢，那咱们新一代的蟹农、果农、渔民的面子，在哪呢"引出新农人，把新农人的优势具象化，包括具有高学历、新的生态养殖技术、高效的智能供应链等，将优势化为"拿得出手的面子"，有效改变了许多用户对农民的刻板印象，也让用户对新农人和新农人培育的农产品有了更深刻的了解。

除了立意新奇，短视频的表达形式和内容表达也具有一定的新意。例如，主播先是赞美现在的霸王蟹，称其为"碗里的白肉红膏""文豪的舌尖诗章"，让村长为之惊叹，打算送主播100斤蟹作谢礼；结果主播话锋一转，"老有人说啊，从前的蟹那才叫一个鲜"，村长误以为他是来砸场子的，气愤地表示要扣掉30斤蟹；紧接着，主播赞美起新农人现代化、标准化的生产让蟹的品质变得更好，让村长转忧为喜，又把扣掉的30斤蟹加回去，并提出再加10斤蟹以表肯定；主播顺着话继续夸赞霸王蟹的好品质，正当村长越听越高兴时，主播又呼吁各村各县都来"挣个面子"，转而又带上其他农产品，让村长表示不满，最后硬要扣掉50斤蟹。短视频一经推出，就在社交平台上引起了众多用户的关注。

案例思考：

（1）该短视频"新"在何处？

（2）该短视频传递出了什么思想情感？

点评： "新"意味着新方式、新面貌、新机遇，在日新月异的今天，我们需要拥抱新的技术、新的知识，也需要用新的方式将新的农产品推向更广阔的市场。《挣个面子》用老生常谈的"面子"来讲述新农人为农业带来的改变，并采用直播的形式来组织短视频内容，新颖又独特。

任务三 制作并推广短视频

完成短视频拍摄的准备工作后，营销人员需要根据短视频脚本拍摄短视频，再使用合适的剪辑工具剪辑短视频，并将短视频发布到目标用户常用的新媒体平台中。同时，为了扩大短视频的推广范围，营销人员还需要运用一定的推广工具营销与推广短视频。

一、拍摄、剪辑和发布短视频

拍摄和剪辑短视频是制作短视频的重要步骤，营销人员需要结合一定的技巧完成拍摄和剪辑工作，并将短视频发布到目标用户常用的新媒体平台中。

（一）拍摄短视频

在拍摄短视频时，营销人员除了依照短视频脚本，还需要掌握一些拍摄技巧来提升短视频的质量。

1．设置手机的常规参数

现在的手机像素越来越高，但是仍然存在使用手机拍摄的短视频模糊不清的情况，对手机的常规参数进行设置可以很好地解决这一问题。拍摄短视频前，营销人员应该先了解手机具体的拍摄功能和常规设置，并根据自身的需求对短视频拍摄的相关参数进行手动调整。

（1）设置分辨率

分辨率可以看作单位英寸（1英寸=2.54厘米）中所包含的像素点数，一般来说，在手机屏幕的尺寸大小固定的情况下，分辨率越高，视频画面中所包含的像素点数就越多，画面就越精细、越清晰。常见的分辨率主要有720P（标清）、1080P（高清）、1440P（超清）和4K（超高清）。一般来说，选择的分辨率越高，拍摄的短视频画面越清晰。如果要将短视频发布到专业的平台中，那么为了优化用户的观看体验，应至少选择以1080P的分辨率进行拍摄。

短视频最终将发布到新媒体平台中，因此，营销人员在手机拍摄设置界面将短视频分辨率设置为1080P，如图6-6所示。

（2）设置帧数

短视频是由很多连续的照片组成的，每张照片都是一个静止的画面，短视频的帧数代表1秒能够播放多少个静止的画面。使用手机拍摄短视频时，帧数的设置能够对短视频的流畅度产生很大的影响。一般来说，在分辨率相同的情况下，帧数越大，拍摄出来的短视频画面越流畅。

图6-6　设置分辨率

由于选择的手机不能设置帧数，因此营销人员不对帧数进行设置。

2．按照分镜头脚本拍摄短视频

完成参数设置后，营销人员将按照分镜头脚本拍摄短视频。具体操作为：打开手机相机界面，点击"录像"选项；对准女子覆盖在项链上的手，调整手机与拍摄对象之间的距离，使拍摄对象位于画面中央，点击"开始录制"按钮■开始拍摄，如图6-7所示，并按照分镜头脚本指导女子完成相应的手部动作；待第一个镜头（即镜号1的镜头）拍摄完成后，点击"结束录制"按钮■结束拍摄，如图6-8所示。然后按照相同的方法拍摄剩余的镜头即可。

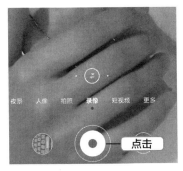
图6-7 开始拍摄

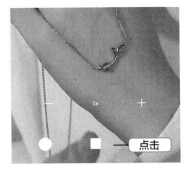
图6-8 结束拍摄

（二）剪辑和发布短视频

剪辑是指将拍摄的短视频素材进行选择、取舍和组合，并对声音、字幕、特效等进行处理，制作一个完整的作品。营销人员应该先选择合适的剪辑工具，再应用一定的剪辑技巧剪辑短视频。

1.选择剪辑工具

常用的短视频剪辑工具包括剪映、爱剪辑和Premiere等，具体如下。

- **剪映**。剪映是一款功能较为全面的剪辑软件，由抖音官方推出，有移动端和PC端之分。剪映操作简单，提供了大量的剪辑模板，还有各类视频特效、抖音热门音乐、贴纸、滤镜等，并且支持将剪辑完成的视频直接同步发布到抖音中，适合抖音用户使用。

- **爱剪辑**。爱剪辑是一款免费的剪辑软件，功能全面且操作简单，包含特效、字幕、素材和转场动画，适合新手使用。此外，爱剪辑对计算机的硬件要求也比较低，即使在低配置的计算机上使用也很少出现卡顿现象。

- **Premiere**。Premiere是一款专业的剪辑软件，兼容性较好，能与Adobe公司推出的其他软件相互协作，用它剪辑的画面质量较高。Premiere提供了采集、剪辑、调色、美化音频、字幕添加、输出、DVD刻录等功能，能够满足用户制作高质量视频的要求，对计算机配置的要求较高。

由于剪映操作简单，可以轻松实现剪切、删除等剪辑操作，且提供了大量的背景音乐，支持将剪辑完成的短视频直接发布到抖音中，而抖音又是目标用户常用的新媒体平台，因此，营销人员选择使用剪映剪辑短视频。

2.掌握剪辑技巧

使用一定的剪辑技巧可以让短视频的过渡更加流畅，情节更加紧凑，内容更有张力。常见的短视频剪辑技巧如下。

- **确定剪切点**。剪切点是指两个不同镜头之间的转换点。在选择剪切点时，可选择即将要做出动作的时刻，或动作已完成1/4的时刻，为保证短视频更加流畅，可保留1帧或2帧画面用于过渡。

- **镜头连接**。镜头连接需要遵循"动接动，静接静"的原则，即运动镜头连接运动镜头，固定镜头连接固定镜头。连接镜头时，可使用无技巧转场或技巧转场。无技巧转场是指利用短视频中存在的事物、拍摄的方式、剧情的走向等自然连接镜头。技巧转场是指利用叠化、定格及淡出淡入等转场技巧切换场景。

- **台词连接**。台词连接需要保证台词内容流畅地呈现在画面中。在剪辑时，可使用平行剪辑和交错剪辑等技巧。平行剪辑是指上一个镜头的台词和画面同时同位切出，或下一个镜头的台词和画面同时同位切入，一般用于人物空间距离较大、对话语气较为平稳、情绪节奏较为缓慢的台词剪辑中。交错剪辑是指上一个镜头的台词和画面不同时同位切出，或下一个镜头的台词和画面不同时同位切入，一般用于人物空间距离较小、交流密切、语言节奏较快的台词剪辑中。

3．剪辑并发布短视频

微课视频：剪辑短视频并发布

在剪辑短视频时，首先营销人员需要导入拍摄的短视频素材，然后删除不必要的内容，再为短视频添加特效、字幕、背景音乐等，最后导出短视频。接下来，营销人员将利用剪映剪辑短视频，分割和删除不必要的短视频内容，为短视频添加特效，在末尾添加文字"万物有灵·锦鲤"和品牌名称，并添加背景音乐，然后在发布时添加话题"项链"，具体操作如下。

步骤01▶打开剪映App，在主界面点击"开始创作"按钮⊞，在打开的界面中依次点击短视频素材（配套资源:\素材\项目六\项链\），选中"高清"单选项后点击 添加(4) 按钮，如图6-9所示。

步骤02▶打开剪辑界面，移动视频滑轨，使时间线位于第00:00秒的第15帧处（须放大视频滑轨才可看到，将双指放在时间滑轨上长按，向外移动即可），点击"剪辑"按钮✂，在打开的列表中点击"分割"按钮⫴，点击被分割后的第1段视频素材，如图6-10所示，点击"删除"按钮▥。

🎓 **专家指导**

> 在影像动画中，帧表示最小单位的单幅影像画面，一帧即一幅静止的画面。

步骤03▶移动视频滑轨，使时间线位于第00:01秒处，点击"间隔"按钮▯，在打开的列表中点击"叠化"选项，如图6-11所示，然后点击✓按钮设置转场。

步骤04▶使用与步骤03相同的方法，在第00:04秒的第10帧处点击"间隔"按钮▯，设置"推近"转场。

步骤05▶移动视频滑轨，使时间线位于第00:04秒的第15帧处，点击"特效"按钮✦，在打开的列表中点击"画面特效"按钮▦，在打开的列表中点击"Bling"栏下的"撒星星Ⅱ"选项，如图6-12所示，然后点击✓按钮完成设置。

步骤06▶返回剪辑界面，保持选中特效素材的状态，点击"复制"按钮▣复制特效，复制后的特效素材将自动位于前一段特效素材之后，如图6-13所示。

步骤07▶依次点击◀和◀按钮，返回剪辑界面。移动视频滑轨，使时间线位于末尾处，点击"文字"按钮▤，在打开的界面中点击"新建文本"按钮A+，在文本框中输入"万物有灵·锦鲤"，如图6-14所示，点击✓按钮。

图6-9 添加视频素材

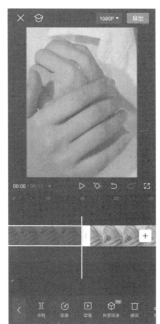

图6-10 删除视频素材

图6-11 选择"叠化"选项

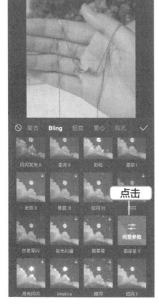

图6-12 选择特效

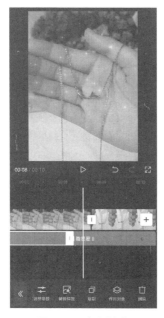

图6-13 复制特效

图6-14 输入文本

步骤 08 ▶ 保持选中字幕素材的状态,复制字幕素材,保持选中复制后的字幕素材的状态,如图6-15所示。

步骤 09 ▶ 点击"编辑"按钮 $\boxed{Aa}$,在文本框中将文字更改为"奇物银饰",在视频画面中将文字移动到"万物有灵·锦鲤"上方，点击"样式"选项卡，将文字的"字号"调整为"32"，如图6-16所示，点击☑按钮完成设置。

步骤10▷点击"万物有灵·锦鲤"字幕素材，点击"动画"按钮，在打开列表的"入场"栏中点击"向上露出"选项，如图6-17所示，点击☑按钮完成设置。

图6-15 选中字幕素材

图6-16 设置字号

图6-17 设置入场动画

步骤11▷依次点击《和〈按钮，返回剪辑界面。移动视频滑轨，使时间线位于起始处，点击"音频"按钮，在打开的列表中点击"音乐"按钮◐，打开"添加音乐"界面，点击"纯音乐"选项，如图6-18所示。

步骤12▷点击音乐试听，选定后点击音乐右侧的 使用 按钮，如图6-19所示。

步骤13▷返回剪辑界面，点击音乐素材，在字幕结尾处分割音乐素材，并删除分割后的第2段音乐素材。

步骤14▷点击音乐素材，点击"淡化"按钮▯▮，将淡入时长、淡出时长均设置为"1.5s"，如图6-20所示，点击☑按钮。

步骤15▷点击 导出 按钮，导出完成后点击"抖音"选项，在打开的界面中查看视频效果（配套资源：\效果\项目六\短视频.mp4），然后点击 下一步 按钮。

步骤16▷打开发布界面，在列举的话题中点击"#项链"，并输入描述语"万物有灵·锦鲤，锦鲤项链"，如图6-21所示。

步骤17▷点击"选封面"选项，在打开的界面中选择封面，如图6-22所示，完成后点击 保存 按钮，然后点击 ⚡发布 按钮发布短视频，发布效果如图6-23所示。

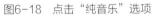

图6-18 点击"纯音乐"选项

图6-19 点击"使用"按钮

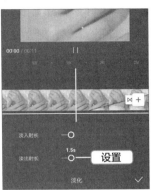

图6-20 设置淡入、淡出时长

图6-21 输入描述语

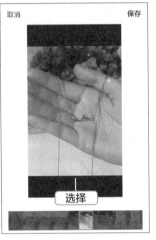

图6-22 选择封面

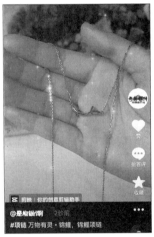

图6-23 发布效果

二、营销与推广短视频

想要取得更好的营销效果，营销人员还需要掌握营销与推广短视频的方法，促进短视频的有效传播，常见的方法如下。

- **与他人合作推广**。营销人员可以与有影响力的短视频账号、名人等合作，并给予对方一定的推广费用于推广短视频。为达到营销效果，营销人员将在抖音的巨量星图上选择多个有影响力的穿搭达人，邀请他们拍摄与锦鲤项链相关的短视频，形成联合推广的效应。

- **使用付费推广工具**。短视频平台一般提供付费推广工具，如抖音的"DOU+"。营销人员可以设置推广计划，如新增粉丝数等，并支付一定的推广费用以开展付费推广。为了使付费推广更加精准，营销人员在使用"DOU+"付费推广工具时将推荐人群设置为18~30岁的女性用户。

- **多渠道转发、引流**。发布前期，短视频在平台上可能没有人气和流量，营销人员可以在朋友圈、微信群、微博等渠道转发短视频，引导用户关注短视频账号并观看短视频，或者在其他平台上通过问答、评论、发布文章等方式将用户引流到短视频平台上。在营销锦鲤项链的过程中，营销人员在微博、小红书等平台转发了锦鲤项链的短视频，并通过评论、回复评论等引导用户关注短视频账号。

- **发起并参与活动**。营销人员可以通过发起参与性强的话题挑战活动来营销。例如，营销人员可以发起"××产品的N种用法"话题挑战活动，鼓励用户拍摄有特色的短视频，同时用一定的奖品吸引用户，提升活动的热度。另外，营销人员也可以参加短视频平台或有影响力的账号举办的各种比赛活动，利用有吸引力的短视频内容来吸引用户。为更好地营销项链，营销人员在抖音创建了"万物有灵·锦鲤"话题挑战活动，并采用现金奖励的方式引导用户拍摄同款短视频，以提升短视频和产品的热度。

职业素养

短视频营销的形式日新月异，营销人员要与时俱进，不断学习现代短视频营销的新方法、新技巧，提升自己的营销能力。

案例链接

抖音电商，夏天就要炫口冰

冰饮属于季节性消费品，夏季是冰饮的消费旺季。为了帮助品牌把握销售机会，抖音电商推出了"夏天就要炫口冰"主题品类营销活动——"抖in百味赏·冰饮正当红"，并联合农夫山泉、雀巢咖啡等品牌，通过短视频话题挑战、满减等方式吸引用户参与，助力活动"出圈"。

在营销活动中，抖音电商以短视频营销为牵引，发布了话题"夏天就要炫口冰"，鼓励用户、品牌等制作冰饮相关"挂车"短视频（这类短视频带有购物车标志，用户通过它可以购买短视频中的产品），促进冰饮的销售。

在该话题的刺激下，用户主动制作优质的短视频内容，使得话题持续保持较高热度。短视频内容涉及果汁、无糖饮料、冰激凌、牛奶等产品，为相关品牌带来了更高的曝光量和成交量。图6-24所示为用户发布的热度靠前的短视频。截至2022年12月，该话题相关短视频的播放量达到了14.4亿次（见图6-25），话题相关冰饮的销售总额比去年同期的2倍还多。

图6-24　用户发布的热度靠前的短视频　　　　图6-25　短视频话题

案例思考：

（1）案例中采用了哪些方式推广短视频？

（2）案例中短视频营销的目的是什么？

点评：抖音电商通过发布短视频话题，引导用户、品牌参与互动，提升活动热度，借助用户的力量实现了主动"种草"，很好地促进了冰饮的销售。

📈 任务实训：制作农产品营销短视频

【实训背景】

为学习贯彻党的二十大精神，推动乡村振兴，促进农业现代化发展，"农禾"准备开展"不负每一份希望，把土地讲给你听"的主题营销活动，通过短视频营销旗下优秀农产品（也为国家地理标志产品），营销平台主要为抖音。作为营销人员，郝安需要策划短视频营销活动，并制作短视频。

【实训要求】

（1）根据活动目的确定短视频营销活动的选题，并选择合适的内容表现形式。

（2）围绕选题打造合适的短视频内容，并撰写短视频脚本。

（3）使用手机拍摄短视频，使用剪映剪辑短视频。

【实训过程】

步骤01▶确定短视频营销活动的选题。国家地理标志产品既是农产品的一份"保证书"，也是当地的一张名片，更是我国农业自信、自强的一种体现。在郝安看来，营销农产品不只是传递农民的希望，也是把这份自信、自强传递给更多的人。因此，郝安以"希望"和"传递"为重点，将选题确定为"来，接个希望"。

步骤02▶选择合适的内容表现形式。由于活动目的是助推旗下优秀农产品的销售、推动乡村振兴，因此此次短视频营销可以采用生活记录这一内容表现形式，展示农产品的生产地，让更多的用户了解这些优秀的农产品。

步骤 03 ▶ 打造短视频内容。短视频的主角是农产品，选题是"来，接个希望"。公司旗下的优秀农产品较多，郝安可以选择一种主要的农产品作为主线，借助展示该农产品的优秀来引出其他农产品；或者选择几种有特色的农产品，打造成系列短视频，一个短视频讲述一种农产品。

步骤 04 ▶ 撰写短视频脚本。短视频脚本需要将短视频内容具体化。表6-5所示为郝安撰写的系列短视频中以迁西板栗为主角的分镜头脚本。

表6-5　以迁西板栗为主角的分镜头脚本

镜号	景别	拍摄方式	画面内容	背景音乐	时长
1	远景	固定镜头转移动镜头，正面拍摄	板栗的生长环境	表现收获的喜悦的背景音乐	4秒
2	特写	固定镜头，正面拍摄	带壳的板栗		1秒
3	特写	移动镜头，俯拍	带壳的新鲜板栗		2秒
4	特写	固定镜头，正面拍摄	展示出壳的板栗		1秒
5	特写	移动镜头，俯拍	板栗仁		2秒
6	近景	移动镜头，俯拍	满地的板栗		2秒
7	中景	移动镜头，侧面拍摄转仰拍	农人挥舞着竹竿打树上的板栗		1秒
8	近景	固定镜头，正面拍摄	一只手快速地拾捡板栗		1秒
9	特写	固定镜头，侧面拍摄	一只手将板栗放入竹筐中	表现收获的喜悦的背景音乐	1秒
10	特写	移动镜头，正面拍摄	放在桌上的出壳的板栗		1秒

步骤 05 ▶ 拍摄短视频。打开手机相机界面，点击"录像"选项，点击"设置"按钮⚙，在打开的界面中设置视频分辨率为"1080P"；返回"拍摄"界面，将镜头对准板栗树林，调整角度后点击"开始录制"按钮⏺，从左往右移动镜头，之后点击"结束录制"按钮■结束拍摄。按照相同的方法拍摄其他镜头。

步骤 06 ▶ 打开剪映App，添加短视频素材（配套资源：\素材\项目六\迁西板栗\）。

步骤 07 ▶ 分割并删除短视频的多余部分，添加说明迁西板栗特点的文字，完成短视频的剪辑（配套资源：\效果\项目六\迁西板栗.mp4）。

步骤 08 ▶ 导出短视频，先发布到抖音，然后发布到其他新媒体平台。

步骤 09 ▶ 营销与推广短视频。为更好地营销短视频，可以打造与短视频选题相同的话题或开展选题相关的话题挑战活动，挑战主题可以为"地理标志产品知多少"。

知识巩固

1. 选择题

（1）【单选】主要通过拆箱、试穿等形式展示短视频内容的形式是（　　）。

　　A. 搞笑吐槽　　　B. 街头采访　　　C. 产品评测　　　D. 好物分享

（2）【单选】需要具备一定绘画基础且内容更加精细的脚本是（　　）。

　　A. 文学脚本　　　　　　　　　B. 图文集合分镜头脚本

　　C. 提纲脚本　　　　　　　　　D. 纯文字分镜头脚本

（3）【多选】分镜头脚本通常包含（　　）。

　　A. 景别　　　　　B. 镜头运用　　　C. 画面/内容　　　D. 时长

（4）【多选】拍摄短视频前，需要筹备（　　）。

　　A. 摄像器材　　　B. 辅助器材　　　C. 拍摄场地　　　D. 参与人员

2. 判断题

（1）搞笑类短视频可以采用"搞笑场景+反转1+反转2"这一公式拍摄。

（　　）

（2）哔哩哔哩的官方剪辑软件是剪映。（　　）

（3）短视频选题需要具备功能价值、情感价值、社会价值或认知价值。

（　　）

3. 简答题

（1）简述短视频营销的优势。

（2）简述撰写短视频脚本的流程。

（3）简述打造短视频内容的方法。

（4）简述营销与推广短视频的方法。

4. 实践题

（1）江苏省高邮市某鸭子养殖户计划在抖音发布营销咸鸭蛋的短视频，请搜索高邮咸鸭蛋的相关资料，为该养殖户策划短视频选题。

（2）针对该咸鸭蛋撰写短视频脚本，要求脚本类型为纯文字分镜头脚本，脚本内容须体现咸鸭蛋的特点。

（3）使用手机拍摄短视频，并使用剪映剪辑短视频，要求剪辑时为短视频添加描述咸鸭蛋卖点的文字。

项目七 直播营销

项目背景

　　直播因其场景化的特点，增强了营销内容的真实性与震撼力，也使营销更加精准和快速。本项目将以箱包品牌"纳百"的直播活动筹备、开展、复盘等为例，系统介绍直播营销的基础知识和方法。

知识目标

- 熟悉直播营销的优势、方式和商业模式。
- 掌握筹备、开展、复盘直播活动的方法。

技能目标

- 能够策划直播方案。
- 能够撰写整场直播脚本和单品直播脚本。
- 能够为直播预热、与用户互动。

素养目标

- 提高直播质量，向用户输出优质的内容。
- 严格遵守平台直播规范和国家有关规定。

任务一 初识直播营销

"纳百"是一个箱包品牌，主打的产品是简约时尚的行李箱（价格为300～600元），并在天猫开设了旗舰店。"纳百"的广告语为"拾掇人生，说走就走"，目标用户是18～30岁、偏爱简约时尚风格的年轻用户，这些用户重点关注产品的材质、尺寸、颜色、价格等。"纳百"计划开展直播营销，以促进旗舰店产品的销售，现要求营销人员充分了解直播营销，明确直播营销的优势、方式和商业模式。

微课视频：初识
直播营销

一、直播营销的优势

直播营销是以视频平台、专业的直播平台为载体，通过实时转播将产品或活动信息传递给用户的营销方式。直播营销通过构建场景化的销售场景，达到提升品牌形象或增加产品销量的目的。营销人员在开展直播营销前有必要了解其优势，具体内容如下。

- **较低的营销成本**。开展直播营销所需的设备简单，直播场景可由品牌自己搭建。特别是对于个人电商来说，仅靠一部手机就能完成一次直播营销。从这一层面来说，直播营销的营销成本较低。
- **较广的营销范围**。直播营销可以直接将产品的形态、使用过程等直观地展现给用户，将其带入营销场景，达到全方位覆盖用户认知的效果。
- **直接的销售方式**。直播营销可以更加直观地通过主播的说辞来传递各种优惠信息，同时通过开展现场促销活动，极大地激发用户的消费热情，从而提升营销效果。
- **有效的营销反馈**。直播营销可以实现主播边直播、边接收用户的反馈，如弹幕、评论等。这些反馈不仅包含了用户对产品的态度，还体现了用户对直播的看法，这也为品牌下一次开展直播营销提供了改进的空间。

二、直播营销的方式

直播营销的方式在很大程度上决定着直播效果，常见的直播营销方式如表7-1所示。

表7-1 常见的直播营销方式

营销方式	详细描述	特点
名人营销	名人本身就带有流量与话题，品牌通过名人开展营销可以充分调动名人粉丝群体的参与热情	可以带来较高的热度，需要一定的资金
利他营销	借助主播或嘉宾的分享来推广产品，通过分享知识或生活技能，提高用户的技能	更容易被用户接受

续表

营销方式	详细描述	特点
对比营销	通过与其他同类型的产品进行对比，展现营销产品的差异化优势，以增强说服力	适用于产品性能测评类直播
产品营销	主播在直播间向用户分享和推荐产品，全程以产品讲解和展示为主	对主播的产品知识掌握能力有一定要求

要想达到比较理想的直播效果，营销人员可以根据直播目的和预期效果，综合采取多种直播营销方式。

 职业素养

直播营销方式的运用是为了让直播营销工作开展得更加顺利，但不能保证直播营销效果。营销人员不能为了追求直播营销效果采用违规手段"刷单""刷流量"等，而要不断分析总结，积累经验，提升直播营销能力。

三、直播营销的商业模式

随着直播的发展，直播营销演化出了"直播+'带货'""直播+发布会""直播+广告植入""直播+活动""直播+访谈"等细分模式，直播营销的商业模式如表7-2所示。

表7-2 直播营销的商业模式

商业模式	详细描述	特点
直播+"带货"	采用直播的形式销售产品，广泛应用于电商平台、短视频平台、直播平台（如点淘、京东直播等）等	能够快速实现流量变现，提升产品销量
直播+发布会	在直播平台上直播发布会的内容	能够为产品和品牌带来更多的流量和人气
直播+广告植入	在直播中植入品牌或产品，如以冠名赞助的形式直播、在直播中使用相关产品、在广告时间口播广告等	能够提升产品或品牌的曝光度，影响用户的购买决策
直播+活动	直播活动内容，为品牌带来人气，实时分享独家"情报"、专属福利等	能够带给用户更直接的体验，甚至可以做到与用户"零距离"互动，使品牌得到较高的曝光度
直播+访谈	通过访谈的方式，从第三方视角来阐述观点和看法，如采访特邀嘉宾、专家、路人等	可以促进品牌文化的传播、品牌知名度的提升和品牌形象的塑造

"纳百"直播营销的目的是促进旗舰店产品的销售,也就是电商产品的销售,因此"纳百"可以采用"直播+'带货'"的商业模式。由于"纳百"的旗舰店开设在天猫,而天猫的直播平台是点淘,因此,"纳百"将在点淘开展直播活动。

任务二 筹备直播活动

12月10日19:00—21:00,"纳百"将在点淘开启首场直播活动,直播中共有10款产品,分别是1~10号行李箱,其款式、规格各有不同。"纳百"希望通过此次直播活动为天猫旗舰店引入大量流量,带动店内其他产品的销售,期望观看人数约2万、成交金额为300万元。营销人员需要明确直播定位,策划直播方案,撰写直播脚本,筹备直播场地、设备和搭建直播间。

一、明确直播定位

一场直播活动的开展离不开账号、主播和内容。要做好直播营销,首先要明确直播定位。营销人员可以从账号、主播人设和内容3方面来进行直播定位。

(一)明确账号定位

直播账号主要由账号名称、头像和简介组成,其中,账号名称是对品牌身份的介绍,一般为名字或"名字+领域",头像应当与账号名称有一定的关联,简介主要介绍账号用来做什么。

对于"纳百"而言,在账号名称方面,直接使用品牌名称作为直播账号名称更便于用户识别;在头像方面,直接使用品牌Logo作为头像更容易与品牌产生关联。在简介方面,直播账号主要用来营销品牌或产品,因此,营销人员将简介设置为"纳百官方旗舰店开播,好物推荐,新品不断!关注我解锁更多箱包产品"。

(二)明确主播人设定位

人设即人物的设定。主播人设是用户识别主播的符号,也是直播间的重要标志。营销人员要结合主播的人格特点,适当放大主播身上的闪光点,打造具有魅力、个性鲜明的主播人设。一般来说,营销人员可以从以下4个方面来明确主播人设定位。

- **主播是谁**。在打造主播人设时,营销人员首先应明确主播的身份和形象,身份可以是昵称,形象可以是主播的个人特色(如性格、口才等)。例如,某服装品牌的主播的身份是"××(昵称)",形象是"热情、有耐心"。
- **目标用户是谁**。在确定主播的身份和形象时,营销人员应充分考虑人设面对的目标用户群体,以打造出有针对性的人设。明确目标用户群体时,营销人员需了解这类用户的性别、年龄、性格、受教育程度、收入水平、消费能力等。

- **提供什么**。提供什么即内容的价值输出，包括直播的品牌、产品、品牌文化、理念、产品应用的技术等。
- **解决什么问题**。解决什么问题即提供的产品可以满足用户哪方面的需求，包括大方向需求（如电脑包可以满足用户携带笔记本电脑的需求）和细节需求（如直播间特惠产品可以满足用户的低价购物需求）等。

"纳百"的目标用户是18～30岁、偏爱简约时尚风格的年轻用户，因此，营销人员在打造主播人设时，应选择与目标用户年龄和风格相近的主播，将主播打造为年轻时尚的形象。同时，"纳百"主打行李箱，且不同的行李箱款式、规格不同，不仅可以解决用户出行的问题，还可以满足用户对细节的要求，如对颜色、大小的要求等。主播应当熟悉每款产品的卖点，将产品推荐给有对应需求的用户，并输出品牌文化（如广告语），加深用户对品牌的印象。

（三）明确内容定位

直播内容的定位受品牌和产品的影响，影响着直播营销的效果，具体定位方法可参考项目二中的"内容定位"。一般来说，针对不同类别产品的直播内容的侧重点不同，常见直播内容的侧重点如表7-3所示。

表7-3　常见直播内容的侧重点

产品类别	侧重点	展示方式
服装类	产品的材质、尺码、版型和款式设计、风格、颜色、价格等内容	试穿+产品讲解；服装秀
农产品类	农产品的味道、产地、营养、价格、保质期、包装、食用方法等	现场试吃（喝）+产品讲解（色、香、味等）
美妆护肤类	产品的功效、成分、质地、价格、容量、使用方法、试用感受等	试用/试用感受+产品展示+产品讲解+产品使用说明（+质量/技术认证等）
生活用品类	产品的材质、尺寸、颜色、价格，以及使用、清洁、保养和维修方法等	产品展示+产品讲解（+产品评测）

"纳百"的目标用户重点关注产品的材质、尺寸、颜色、价格等，营销人员在进行直播内容定位时应当重点围绕这些方面来策划内容并打造亮点。在打造亮点时，营销人员可以从产品的卖点出发，为不同的产品设计不同的使用场景，并采用"产品展示+产品讲解+使用场景+产品评测"的方式在直播间展示产品。

二、策划直播方案

在开展直播营销前，营销人员需要策划直播方案，对直播营销的整体和细节等进行规划，确定好直播营销的每个环节，为开展直播活动做好准备，从而优化直播营销的效果。

（一）规划项目整体

规划项目整体是指将直播方案的整体流程分为不同的部分并系统地展示出来，以保证项目的顺利推进。规划项目整体可以起到监督、跟进项目的整体进度，推动直播营销整体进展的作用。

一场完整的直播活动通常包含撰写直播脚本、筹备直播场地和设备、搭建直播间、直播预热、直播执行和复盘等阶段，营销人员应围绕这些阶段策划直播方案。

（二）规划项目细节

规划项目细节是指在把握项目整体的基础上，对不同部分的内容进行细化，确定每个阶段应该完成的工作内容、完成工作的时间及负责该阶段工作的人员等。表7-4所示为营销人员规划的直播细节。

表7-4　营销人员规划的直播细节

阶段	详细描述	人员安排
撰写直播脚本	11月25日—26日，撰写出直播脚本	策划人员：小A
筹备直播场地和设备	11月27日—30日，找好直播场地，并规划好使用区域，准备好直播所需的设备，包括拍摄设备和灯光设备	筹备人员：小B、小C
搭建直播间	11月27日—12月2日，布置好直播间，选择好直播间的背景样式，如果涉及绿幕背景，须提前准备好背景图片等	筹备人员：小D
直播预热	12月3日，在微博、微信公众号等平台上发布预热文案和活动海报，在点淘发布直播预告	运营人员：小E
直播执行	12月10日，正式开展直播，主播做好直播工作，场控把控好直播节奏并推送直播信息，客服人员做好用户问题解答工作，摄像人员做好摄像工作	主播：小F 场控：小G 客服人员：小H 摄像人员：摄像团队
直播复盘	分析直播数据，总结直播的亮点和缺点，并提出改进意见或建议	全体

 知识链接

以上人员组合起来就是一个完整的直播团队。扫描右侧二维码，了解具体的直播团队人员配置。

知识链接：直播
团队的人员配置

三、撰写直播脚本

直播脚本体现了系统化的直播流程，有利于保证直播的稳定性，也便于主播把控直播节奏。营销人员需要先确定直播主题，然后完成直播脚本的撰写。

（一）确定直播主题

直播主题对直播工作的开展有着导向和指引作用。营销人员可以根据直播营销目的来确定直播主题，如果直播营销目的是促进产品的销售，直播主题就可以是产品介绍和降价促销；如果直播营销目的是提升品牌知名度，直播主题就可以是介绍品牌的历史、科研实力及最新发展动向等。

"纳百"此次直播营销的目的是为天猫旗舰店引入大量流量，带动店内其他产品的销售，其直播产品为行李箱，那么营销人员可以将直播主题确定为"纳百行李箱"，在主题中明确品牌和直播产品，强化用户的认知。

（二）完成直播脚本的撰写

确定直播主题后，营销人员需要规划好直播的流程，撰写直播脚本。直播脚本一般分为两种：一种是整场直播脚本，另一种是单品直播脚本，其特点和作用具体如下。

- **整场直播脚本**。这种直播脚本是对直播流程和内容的细致说明，主要包括直播主题、人员、时间和流程等要素，可以起到把控直播节奏、控制直播预算等作用。
- **单品直播脚本**。这是基于单个产品的脚本设计，其核心是突出产品卖点，对应整场直播脚本的产品推荐部分。单品直播脚本一般包含产品导入、产品卖点、产品利益点、引导转化等要素，可以帮助主播熟悉产品卖点，从而更好地推荐产品。

由于直播时长为两个小时，直播产品有10款，营销人员计划将每款产品展示约10分钟。为了营造良好的直播氛围，营销人员计划直播开场时利用10分钟暖场预热，在直播结束时用3分钟向用户表达谢意，同时，每介绍完4款产品就发放一次口令红包，口令为"纳百直播间""祝纳百大卖"，每介绍完3款产品就抽一次奖，抽奖规则为"关注+分享直播间"（由于抽奖的操作简单，此处不需要单独点明抽奖时间）。表7-5、表7-6所示分别为营销人员撰写的整场直播脚本和营销人员撰写的单品直播脚本。

表7-5　营销人员撰写的整场直播脚本

直播概述	
直播主题	纳百行李箱
直播人员	主播，小F 场控：小G
直播时间	12月10日 19:00—21:00

续表

详细描述			
时间段	流程	主播	场控
19:00—19:05	直播开场	打招呼	进入直播状态，和用户打招呼，向用户表达首次开播的喜悦之情	引导用户关注直播间
19:06—19:10		介绍产品和活动	预告今日直播的产品和活动，引导用户停留在直播间	问候新进直播间的用户，协助主播阐述活动
19:11—19:50	直播过程	介绍前4款产品	展示产品，包括材质、款式、容量等，回答用户的问题，引导用户关注和分享直播间，参与抽奖	把控直播节奏，向各平台推送直播活动信息
19:51—19:53		发送口令红包	告知用户口令，引导用户领取红包	及时发放红包
19:54—20:33		介绍第5~8款产品	展示产品，包括材质等，回答用户的问题，引导用户关注和分享直播间，参与抽奖	把控直播节奏，向各平台推送直播活动信息
20:34—20:36		发送口令红包	告知用户口令，引导用户领取红包	及时发放红包
20:37—20:56		介绍第9~10款产品	展示产品，包括材质、款式、容量等，回答用户的问题，引导用户关注和分享直播间，参与抽奖	把控直播节奏，向各平台推送直播活动信息
20:57—21:00	直播结尾	表达感谢	感谢用户对本次直播活动的支持，并引导还没有购买的用户去购买	引导用户关注直播间

表7-6 营销人员撰写的单品直播脚本

项目	详细描述
产品导入	这是我们很多同事都很喜欢的产品，大家几乎人手一个，它就是××系列的这款行李箱
产品卖点	这是一款PC材质的行李箱。首先，它的设计很特别，前后采用的是不对称设计，而且拉链两边采用的是手缝线包边，非常复古；其次，它有绿、蓝、紫、黑等多种颜色，看起来非常有质感。大家可以看看它的内部，一边是全封闭口袋，另一边是网格隔层，收纳物品很方便。最后，这款行李箱还配备了TSA锁（海关锁）和静音万向轮，大家不用担心不安全、拖动时声音大的问题

项目	详细描述
产品利益点	大家如果想要一款特别又实用的行李箱，可以买它，不用担心与别人的行李箱款式相撞，而且它也方便收纳衣物，很适合出行
引导转化	这款行李箱的日常售价为329元，今天在直播间下单只要289元，这样的价格很少见。因为今天是品牌首次直播，所以给大家一些惊喜和福利，喜欢的小伙伴赶紧去拍

四、筹备直播场地、设备和搭建直播间

筹备直播场地、设备和搭建直播间可以优化直播营销的效果，减少直播过程中由于意外造成的不利影响。营销人员需要根据直播产品和脚本选择合适的直播场地和设备，并搭建好直播间。

（一）筹备直播场地

直播场地分为室内场地和室外场地，不是所有的室内场地或室外场地都适合直播。直播场地需要满足一定的要求，直播场地如表7-7所示。

表7-7　直播场地

场地	常见场地	要求
室内场地	办公室、会议室、工作室、线下门店等	背景以纯色为主（最好是浅色），隔音和收音效果要好
室外场地	产品室外产地（如田间地头、蔬果种植园、茶园）、室外打包场所、露天集市等	适合展示体积较大或规模较大的产品，或用于展示产品采购现场，环境不应过于嘈杂、杂乱，且光线要好

行李箱为小件，在室内展示即可。营销人员选择了一间墙体为浅灰色，隔音效果和收音效果较好的办公室作为直播场地。

（二）筹备直播设备

直播活动的开展离不开直播设备的支持，直播设备的性能直接影响着用户的观看感受。在筹备直播设备时，营销人员可以根据经济承受能力和直播内容选择不同标准的设备。

- **普通版**。普通版以手机为主要直播设备，易操作。利用手机进行直播，营销人员需先在手机上安装直播App，且至少应准备两部手机，一部用于直播，另一部用于查看弹幕；然后，营销人员要准备手机充电器和手机支架，手机充电器用于随时补充电量，手机支架用于固定手机。普通版设备常用于泛娱乐化直播，或个人、中小型企业的电商直播。
- **升级版**。升级版以单反相机为主要直播设备。用单反相机直播，画面更清

晰，也更有质感，同时，如果有剪辑视频的需要，也便于后期剪辑。利用单反相机进行直播，首先，需要准备一台单反相机，检查相机的HDMI（High Definition Multimedia Interface，高清多媒体）接口以及传输线；其次，准备云台和脚架，以放置和固定单反相机；最后，检查采集卡是否准备到位。

- **精装版**。精装版以摄像机为主要直播设备，并配以专业的直播编码器或编导一体的设备。用摄像机直播，画面清晰流畅、拍摄稳定。利用摄像机进行直播，首先，需要准备一台或多台摄像机，并配以专业的摄像人员，以便随时切换镜头；其次，检查摄像机是否连接直播编码器或编导一体的设备；最后，检查采集卡是否准备到位。精装版设备适用于晚会直播、会议直播等要求较高的直播现场。

为了让画面更加清晰，营销人员选择使用成像质量高、可以直接安装直播App且具有美颜功能的单反相机直播，并配置了云台、脚架等。

（三）搭建直播间

直播间的搭建涉及直播间背景和灯光的布置，效果好的背景和灯光布置可以提升直播质感，清晰、真实地展现产品亮点。在搭建直播间时，营销人员根据产品和品牌特点布置了直播间背景，并确定了灯光布置方案。

1. 布置直播间背景

直播间背景应与直播产品或品牌的风格相契合。常见的直播间背景如表7-8所示。

表7-8　常见的直播间背景

背景	详细描述	作用
纯色背景	一般以浅色为主（见图7-1），常用墙纸或幕布搭建，多用于服装类直播，且一般不选用白色，因为白色背景不利于灯光布置	可以带给用户自然的观看感受
品牌Logo背景	用品牌Logo布置直播间的背景（见图7-2）	这类背景直观简洁，可以增强品牌效应，适用于多种直播场景
产品摆放背景	一般是将产品置于展示架进行展示（见图7-3），产品的展示数量根据展示架的大小而定，但不宜过多	可以强化产品的营销效果
与直播产品匹配的特色背景	在背景中融入与直播主题或直播产品相关的特色元素，如直播产品为甜品，可在背景中融入甜甜圈等元素	可以强化直播间特色
绿幕背景	将绿幕作为背景，并利用直播推流工具（如抖音、淘宝直播伴侣等）抠除绿色背景，换上制作好的背景图片	可以随意切换场景，增强直播间的现场感

图7-1 纯色背景   图7-2 品牌Logo背景   图7-3 产品摆放背景

在直播间背景布置方面，营销人员选择了品牌Logo背景，一方面是由于这是品牌首次直播，此类背景可以强化品牌效应，另一方面是由于受行李箱大小所限，将行李箱放置在地上更便于展示。

2. 布置直播间灯光

直播间的灯光主要分为主灯和辅助灯。营销人员可以根据直播场地的大小和产品的特点选择合适的灯光布置方案，常见的直播间灯光布置方案如表7-9所示。

表7-9 常见的直播间灯光布置方案

数量	类型	主灯/辅助灯	位置摆放	适用范围	优点
1盏	环形灯	主灯	距主播1米左右的正前方，比主播高15厘米左右	适用于手机直播，仅有主播入镜	操作简单，有美颜的效果
2盏	不限	同为主灯，或一盏为主灯、另一盏为辅助灯	位于镜头的两侧且与镜头的距离相同，略高于镜头，光线投向主播	主播坐着直播	凸显主播脸部与直播产品
3盏	环形灯1盏、柔光箱2盏	环形灯为主灯，柔光箱为辅助灯	环形灯放在主播正前方，柔光箱放在主播两侧且与主播的距离相等	主流的灯光布置方案，适用于服装、美妆、珠宝类直播，或人物专访且空间较小的直播场景	还原立体感和空间感
	柔光球1盏、柔光箱2盏	柔光球为主灯，柔光箱为辅助灯	柔光球置于镜头上方且高于镜头和主播，柔光箱放在主播两侧		
4盏	环形灯1盏、柔光箱2盏、柔光球1盏	环形灯为主灯，其他灯为辅助灯	环形灯正对主播，柔光箱放在主播两侧且与主播的距离相等，柔光球位于主播头顶前上方	有助播或嘉宾参与的"带货"直播	提亮主播正面和直播间局部空间

续表

数量	类型	主灯/辅助灯	位置摆放	适用范围	优点
5盏	柔光球1盏、柔光箱1盏、环形灯3盏	环形灯为主灯，其他灯为辅助灯	柔光球正对主播，柔光箱面对主播侧边的装饰物、背景墙等，2盏环形灯位于主播两侧且光线投向主播，另1盏环形灯低于主播脸部，光线可投向主播或直播产品	知名主播的直播间、产品较多的直播间	提亮主播正面和直播空间，提升画面的质感

由于行李箱的数量较多，营销人员选择采用5盏灯的灯光布置方案。

五、直播预热

直播预热不仅可以扩大直播的声势、提前为直播引流，还可以起到提高品牌影响力的作用。直播预热的方式和策略很多，其具体形式和效果不一，直播预热的方式和策略如表7-10所示。

表7-10　直播预热的方式和策略

项目	细分项目	详细描述
预热方式	发布文字直播预告	以文字的形式告知用户直播时间、直播主题等（见图7-4）
	发布直播预告短视频	通过短视频的形式告知用户直播时间、直播主题和直播内容
	站外直播预热	在第三方新媒体平台上发布直播预告，能够进一步扩大营销的范围，提高影响力（见图7-5）
预热策略	专享福利透露	在预告中告知用户在直播中会发放专享福利，以吸引更多用户观看直播
	直播"PK"	不同直播间的主播约定在同一时间进行连线挑战的一种引流方式
	惊喜透露	在预告中告知用户参与直播的嘉宾、售卖的产品等

图7-4　文字直播预告

图7-5　站外直播预热

　　在直播预热方式方面，营销人员选择发布文字直播预告和进行站外直播预热，一方面是因为发布文字直播预告操作方便，另一方面是因为进行站外直播预热可以扩大营销范围，吸引更多用户观看直播。在直播预热策略方面，营销人员选择在直播预告中透露专享福利等，将预告内容确定为"纳百行李箱直播抢福利"。

　　营销人员将在点淘直播中控台发布文字直播预告，并上传预告封面图，在第三方新媒体平台发布直播预告链接，具体操作如下。

微课视频：发布文字直播预告

步骤01 在"千牛工作台"左侧的导航栏中选择"内容/店铺直播"选项，打开店铺直播首页，单击 发布直播 按钮。

步骤02 打开直播中控台首页，在"封面图"栏下单击"上传图片"按钮 📷，如图7-6所示，打开"打开"对话框，选择封面图（配套资源：\素材\项目七\预告封面图.png），单击 打开(O) 按钮。打开"上传"对话框，保持默认设置，单击 保存 按钮，如图7-7所示。

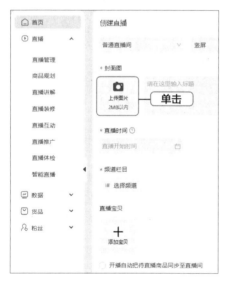

图7-6　单击"上传图片"按钮

图7-7　上传预告封面图

步骤03 返回直播中控台首页，在"请在这里输入标题"文本框中输入"纳百行李箱直播抢福利"。

步骤04 单击"直播时间"列表框，在展开的列表框中选择直播时间，如图7-8所示，单击 确定 按钮。

步骤05 单击 ⊞ 选择频道 按钮，打开"添加标签"对话框，在其中选择"居家生活"选项，并选中"收纳整理"单选项，如图7-9所示，单击 确定 按钮。单击 创建直播 按钮，完成创建。

图7-8 设置直播时间

图7-9 添加标签

步骤06 ▶ 发布后的直播预告在后台的显示效果如图7-10所示，单击 直播分享码 按钮，在打开的列表中复制直播预告链接，在微博、微信等平台发布直播预告链接。

图7-10 发布后的直播预告在后台的显示效果

案例链接

华为Mate 50系列新品直播发布会

2022年9月6日，华为举办了主题为"可持续发展"的Mate 50系列新品发布会。此次新品发布会采用直播的形式，为产品预热。

为契合主题，此次新品发布会通过全新AR技术搭建直播间，将直播间打造成梦幻森林，使产品得到更好的呈现，也让用户在主持人和研发老师的带领下沉浸式地进行了一次丛林之旅，引发了用户对产品的期待。据了解，此次新品发布会开始后不久，在线观看人数就突破了10万。

案例思考：

（1）案例中的直播间背景设置有什么特色？

（2）案例中新技术的运用对产品预热起到什么作用？

点评：华为利用AR技术打造虚拟直播场景，凸显产品特色，并优化用户的体验，进而提升了用户对新产品的期待值，既是一次"炫技"，也是一次对直播场景的创新。

任务三 开展直播活动

完成直播活动的筹备后，"纳百"将正式在12月10日19:00—21:00开展直播活动。营销人员为不同的直播环节设计了不同的直播话术，主播需要在直播时运用这些话术引导用户购买产品、活跃直播间氛围，并通过各种方式与用户展开互动。同时，营销人员需要将直播中的有趣片段剪辑出来，进行二次传播。

微课视频：开展直播活动

一、运用直播话术

运用一定的直播话术可以优化直播营销效果，促进产品转化。主播在不同的直播环节需要运用不同的话术，一般来说，直播环节包括开场、引关注、促留存、促转化、下播等。营销人员设计的不同环节的直播话术如表7-11所示，主播将在直播时运用这些设计好的直播话术。

表7-11 营销人员设计的不同环节的直播话术

话术	示例	最终话术
开场话术	欢迎大家来到纳百（品牌名）的直播间，希望大家多多支持、多多捧场	大家好，欢迎大家来到纳百的直播间。今天是纳百首次直播，希望大家多多支持
	大家好，我是主播××，我们是厂家自播，没有中间商赚差价，我们会给你想象不到的折扣	
	大家好，我是××，欢迎大家来到我们的直播间，今天直播间优惠多多，大家一定不要错过	
引关注话术	欢迎××（用户）进入直播间，关注直播间不迷路	今天直播间会不定时发放红包和抽奖，只有关注直播间的小伙伴才可以领取红包、参与抽奖，没有关注直播间的小伙伴记得先关注
	还没有关注直播间的小伙伴记得关注，点击上方的"关注"按钮即可	
促留存话术	××点有发红包活动，××点有抽奖活动！大家千万不要走开	介绍完这一款产品就要发放口令红包了，大家千万不要走开
	下一次抽奖将在××分钟后进行，我们会送出××大礼！大家千万不要走开	
促转化话术	这款产品之前在××（平台）已经卖了10万套	这款产品的日常售价为××元，今天是我们首次直播，为了感谢大家的支持，大家只需要花××元就可以买到，这是从来没有过的价格，大家买到就是赚到，喜欢的小伙伴赶紧下单吧
	这款产品的日常售价为99元一瓶，今天直播间买一送一，大家花99元可以买到两瓶	
	我和我的同事都非常喜欢这款产品，它真的特别好用	

续表

话术	示例	最终话术
下播话术	今天的直播接近尾声了，感谢大家的支持，明天同一时间，我们不见不散	今天的直播接近尾声了，感谢大家的支持，有了你们的支持，我们才有继续直播下去的动力，真的非常感谢大家，拜拜
	又到了下播的时间了，感谢大家从开播一直陪伴我们到下播，我们会继续为大家带来更多的福利	

二、直播互动

除了运用直播话术，主播还需要通过一些互动活动来活跃氛围，常见的互动方式如下所示。

- **弹幕互动**。直播时用户的评论会以弹幕的形式出现，主播在直播过程中要关注弹幕并挑选一些内容回应，特别是用户的提问、建议等。除此之外，主播还可以提出问题，让用户以弹幕的形式回复。
- **直播红包**。直播过程中有的用户可能会打赏，为了维护与用户之间的情感，主播也可以通过发红包的方式来回馈用户。为了提升直播间的人气，主播可以为红包设置简单的领取条件，如关注或分享直播间等。
- **发起任务**。发起任务可以快速凝聚用户，形成合力，使用户产生成就感和满足感。例如，主播可以给用户设置点赞任务，规定点赞数达到多少时可以参与抽奖；或者规定用户在弹幕区输入特定的话语才能参与截屏抽奖。

专家指导

除了上述互动方式，如果品牌的直播涉及户外活动，主播还可以采用参与剧情的互动方式，邀请用户参与直播内容的下一步策划与执行，这样既能增强用户的参与感，同时还能借助用户的创意增强直播的趣味性。

根据脚本，在直播的过程中，除了主播要及时回复用户的问题、与用户互动，营销人员还要发布口令红包与抽奖。

在点淘直播中控台发布口令红包的具体操作为：开播后，在直播中控台的"互动中心"板块选择"优惠券红包"选项，如图7-11所示；打开"优惠券红包"对话框（见图7-12），选择"口令红包"选项，并设置红包金额和个数，领取条件默认为"输入口令参与"，然后输入口令，单击 投放 按钮投放口令红包。

设置抽奖的具体操作为：返回"互动中心"板块，单击"福利抽奖"按钮，在打开的"福利抽奖"对话框的"新抽奖"选项卡下设置抽奖信息，如图7-13所示。

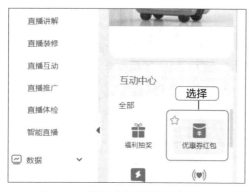

图7-11　选择"优惠券红包"选项　　　　　图7-12　"优惠券红包"对话框

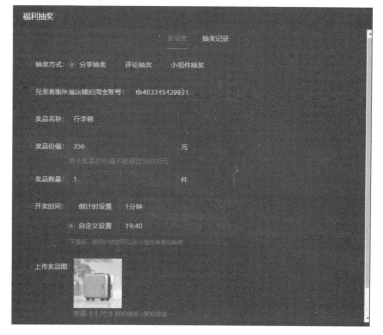

图7-13　设置抽奖信息

三、直播二次传播

为了持续营销和吸粉，直播结束后，营销人员需要采用一些方法推广直播，形成二次传播。常见的直播二次传播方法如下。

- **设置直播回放**。营销人员可以设置直播回放，然后在相关平台发布直播回放视频的链接，以吸引错过直播的用户观看，让直播内容起到持续吸引用户的作用。一些平台自带直播回放功能，如点淘。
- **发布直播片段**。直播中如果发生了比较有趣的事情，营销人员可以将其剪辑出来，发布到其他平台，以形成二次传播。此次直播结束后，营销人员将查看直播回放，将直播中有趣的、观看人数多的片段剪辑出来，发布到微博等平台。

- **公布奖品细则**。直播中如果有抽奖活动，在直播结束后，营销人员可以在微博等用户较多的平台公布抽奖细则，如获奖名单、奖品、奖品发放状态等，与用户互动，以吸引用户观看下一次直播。由于此次直播涉及抽奖，营销人员将通过微博公布抽奖结果，并提醒中奖用户联系工作人员领取奖品。

 案例链接

度小满携手央视网，开启"恰逢好时光"助农直播

乡村振兴是实现共同富裕的必经之路，也是中国式现代化的重要组成部分。为推动乡村振兴，自2018年起，我国将每年秋分日定为中国农民丰收节。在第五个中国农民丰收节，度小满联合央视网发起了"恰逢好时光"助农直播，助力优质农产品销售，带动区域发展。图7-14所示为"恰逢好时光"助农直播海报。

参与此次直播的农产品均来自度小满公益免息贷款项目"小满助力计划"的实施地区，分别是重庆、陕西汉中、福建古田等。在央视主持人、知名农业主播的带动下，多款优质农产品突破销售区域限制，通过直播间走向全国，提升了知名度和销量。据统计，全场直播累计观看人数超过166万，汉中米皮、重庆酸辣粉等多款特价产品在1分钟内售罄。

这不是度小满首次开展助农直播，此前，度小满就曾携手央视财经频道为重庆特色农产品直播"带货"。

图7-14 "恰逢好时光"助农直播海报

案例思考：

（1）直播在助推农产品销售方面起到什么作用？

（2）此次直播对于品牌宣传而言起到什么作用？

点评：度小满开展的助农直播体现了品牌的社会责任担当，为乡村振兴注入了新的动力，推动了当地特色产业的可持续发展。通过直播营销，度小满还很好地提升了品牌知名度，塑造了品牌形象。

任务四 直播营销活动复盘

直播结束后，营销人员对"纳百"的首场直播进行了复盘，分析了此次直播活动的优劣，并总结了经验。

一、直播营销活动复盘的流程

直播营销活动复盘是指在直播活动结束后进行回顾，分析相关数据判断直播效果，从而为后续直播提供经验指导，降低犯错成本。在复盘时，营销人员可以按照回顾直播营销目标→搜集直播数据→分析和对比数据→总结经验教训的流程进行。

（一）回顾直播营销目标

直播营销工作是围绕营销目标展开的，回顾营销目标更有利于判断营销效果。

"纳百"此次直播营销的目标是为天猫旗舰店引入大量流量、带动店内其他产品的销售，具体目标为观看人数达到2万、成交金额达到300万元。

（二）搜集直播数据

回顾直播营销目标后，营销人员需要搜集与营销目标相关的直播数据，以便后续分析直播效果。在搜集直播数据的过程中，营销人员可以借助一定的工具，如直播账号后台。此外，营销人员也可以借助平台提供的数据分析工具搜集直播数据，如淘宝的生意参谋、抖音的数据中心、快手的主播中心等。

为搜集直播数据，营销人员进入了点淘直播中控台，在"直播管理"页面单击「数据详情」按钮进入"实时数据大屏"页面查看直播数据，包括最高在线人数和直播成交金额等。图7-15所示为"纳百"首场直播的部分数据。

图7-15 "纳百"首场直播的部分数据

（三）分析和对比数据

分析和对比数据可以找出预期营销目标与实际营销效果之间的差异，为分析差异产生的原因提供依据，如高估了某个渠道的流量转化能力、广告投放时间有误、宣传文案内容的吸引力较弱等。

此次直播的营销目标分为两部分：一部分是观看人数达到2万，另一部分是成交金额达到300万元。就观看人数而言，最高在线人数为2.1万，达到甚至超过了预期目标；就成交金额而言，直播成交金额为287万元，低于预期目标。

（四）总结经验教训

营销人员还需要尽快分析成功或失败的原因，并总结成功的经验，吸取失败的教训，以免同样的问题再次出现，也有利于下次直播活动取得更好的营销效果。

就观看人数而言，营销人员发现之所以出现较多的在线人数是由于前期预热和直播互动做得好，"纳百"准备下次继续加强直播预热和互动。就成交金额而言，营销人员发现主播较为紧张以及使用直播话术的技巧不足，导致产品的点击率和转化率不高，进而导致成交金额较低，接下来"纳百"将加强对主播的培训。

二、直播营销活动经验总结

品牌的直播营销活动不会只进行一两次，营销人员需要通过分析多场直播活动，总结出能够优化直播营销效果的关键信息，形成具有自己特色的直播营销模式。在总结直播营销活动经验时，营销人员应当重点关注以下要素。

- **主播**。在直播营销中，主播通常是能够将用户转化为消费者的关键。营销人员应当根据主播的特点，将其打造成直播间的特色，借助其力量营销产品。
- **产品**。直播间热销产品一般具有"多、快、好、省"的特点，营销人员可以通过凸显产品的这些特点将产品打造成直播间热销产品。
- **场景**。直播场景一般通过直播背景体现出来。营销人员可以根据用户的反馈，不断调整直播场景，设置既符合品牌及产品特色，又符合用户审美的场景。

 案例链接

林氏家居，在复盘中不断探索销售秘密

在2022年的"双十一"活动中，林氏家居获得了18.2亿元的总成交额，同比增长17.7%，位于抖音住宅家居行业前列。"双十一"结束后，林氏家居内容电商部营销负责人带领团队针对本次活动进行了复盘，总结了活动期间所做工作的效果产出。

通过复盘，林氏家居总结出了自己在此次"双十一"取得良好营销效果的原因，包括品牌事件预热造势、品牌与门店共建流量网等。就品牌事件预热造势而言，林氏家居以"林氏家居'双十一'真的划得来"为主题，策划了"真的！划得来"营销活动，通过小船（3米长的皮划艇）拉大船（近50吨的家具船）的场景，将行为"划得来"与优惠"划得来"深度关联，传达了林氏家居"双十一"真的划得来的主题。这一独特的营销行为引发了用户的讨论和分享，也为林氏家居"双十一"直播营造了良好的销售氛围。

就品牌与门店共建流量网而言，林氏家居深入贯彻新零售思维，确定了线上线

下"同产品、同价格、同活动、同权益、同服务"的"5同"体系，并打造了线下直播账号，与品牌共建流量池，形成了品牌传播矩阵。

案例思考：

（1）林氏家居为什么要对大促直播复盘？

（2）通过复盘，林氏家居总结出了什么经验？

点评： 林氏家居通过复盘进行经验总结，是其取得成功的一个重要原因。

任务实训

一、为"农禾"开通抖音直播

【实训背景】

随着直播影响力的增强，郝安所在的农业公司"农禾"也计划开通直播，期望通过直播来销售农产品。"农禾"的经营理念为"用专业回馈农业，让大家吃得放心，用得安心"。"农禾"计划以抖音为直播平台，开通抖音直播需要进行企业认证。现郝安需要为"农禾"设置抖音直播账号，开通企业认证，并开通直播。

【实训要求】

（1）为"农禾"设置抖音直播账号，要求体现公司的经营理念和形象。

（2）开通企业认证和抖音直播。

【实训过程】

步骤 01 ▶ 设置抖音直播账号。抖音直播账号也就是抖音账号，一般由账号名称、头像和简介组成。在设置账号时，为体现公司形象并联合其他新媒体平台的账号形成营销矩阵，可以让抖音账号与其他新媒体平台的账号在名称、头像上保持一致，即直接使用"农禾"作为账号名称，将公司Logo作为头像。同时，为加深用户对公司的理解，可将经营理念作为简介。郝安设置的抖音直播账号如图7-16所示。

步骤 02 ▶ 开通企业认证。完成账号设置后，郝安需要开通企业认证，为开通直播做准备。认证流程为：在抖音App主界面下方点击"我"选项，进入"我"界面，点击 按钮，点击"创作者服务中心"选项进入"创作者服务中心"界面，点击"全部"按钮 ，在打开的列表中点击"进阶服务"栏中的"企业号开通"按钮 （见图7-17），在打开的界面中根据提示开通和认证企业号。认证后，"创作者服务中心"选项将更新为"企业服务中心"。

图7-16 郝安设置的抖音直播账号

图7-17 点击"企业号开通"按钮

步骤03 ▶ 开通抖音直播。返回"我"界面，点击
 按钮，点击"企业服务中心"选项进入"企业服务中心"界面，在"变现能力"栏中点击"开始直播"选项（见图7-18），在打开的界面中点击 开始视频直播 按钮开通抖音直播。

图7-18　点击"开始直播"选项

🎓 专家指导

> 可以开通抖音直播的账号主要有两种：一种是拥有至少1000个粉丝，且至少发布过10条视频的个人账号，直播前需要开通产品分享功能；另一种是认证为蓝v的企业账号，没有粉丝也可以直播，但需要有营业执照，且要缴纳一定的押金。

二、为"农禾"策划直播活动

【实训背景】

随着直播营销经验的不断积累，"农禾"有了固定的主播和场控、直播时间。其中，固定主播为蒙蒙和安康，固定场控为钟莱，直播一般从19:00开始。新年快到了，不少用户开始采购年货。为抓住此机会，"农禾"计划在1月10日以"办年货，过团圆年"为主题开展直播，直播产品主要包括大米、水果、腊肉、香肠和各类干货等，共15款，直播时长为两个半小时。主推产品腊肉的详细信息如表7-12所示。"农禾"现要求郝安围绕该主题策划直播活动，撰写整场直播脚本，并为主推产品撰写单品直播脚本。

表7-12　主推产品腊肉的详细信息

项目	详细描述
产品名称	万源老腊肉（农产品地理标志产品）
产地	四川省达州市万源市
价格	原价为78.8元/458克，直播价为第二件半价
产品图片	（配套资源：\素材\项目七\腊肉1.jpg、腊肉2.jpg）
特点	皮色黄亮、肉色酱红，切面脂肪亮黄、瘦肉为深玫瑰色，光滑油润，熟肉咸淡适中、口感鲜美、回味绵长、腊香独特

【实训要求】

（1）根据直播主题撰写整场直播脚本，脚本内容要包含完整的直播流程。

（2）为腊肉撰写单品直播脚本。

【实施过程】

步骤01 ▶ 确定直播主题。直播主题为"办年货，过团圆年"，因此，直播话术、直播间的搭建、直播互动需要融入与"年"有关的元素。例如，可以在直播结束话术中增添"给大家拜个早年"，以红色作为直播间背景颜色并摆放红灯笼等道具，发放口令为"新年快乐"的红包。

步骤02 ▶ 确定直播流程。直播时长为两个半小时，直播产品共15款，平均每款产品的讲解不超过10分钟。但为了活跃气氛，还需要设置直播开场、直播结束及直播互动环节，因此可以将直播开场和直播结束阶段的时间分别定为10分钟、5分钟，直播互动占用12分钟，共3个互动环节，且每介绍4款产品就开展互动。

步骤03 ▶ 确定直播互动方式和策略。就直播互动而言，可以以弹幕互动方式为主，直播红包和发起任务为辅，在3个互动环节发放红包或者发起任务，红包可以是红包雨、口令红包等，发起任务可以采用在弹幕截图抽奖、福利抽奖等形式。

步骤04 ▶ 撰写整场直播脚本。根据确定的流程、互动方式撰写整场直播脚本，整场直播脚本如表7-13所示。

表7-13　整场直播脚本

直播概述			
直播主题	办年货，过团圆年		
直播人员	主播：蒙蒙和安康 场控：钟菜		
直播时间	1月10日19:00—21:30		
详细描述			
时间段	流程		主播	场控
19:00—19:10	直播开场	打招呼	和用户打招呼，表明直播主题，预告今日直播的产品和活动	引导用户关注直播间
19:11—19:42	直播过程	介绍前4款产品	展示产品，包括细节、口感等，回答用户的问题，引导用户关注和分享直播间	把控直播节奏，向各平台推送直播活动信息
19:43—19:47		发送口令红包	告知用户口令（口令为"新年快乐"），引导用户领取红包	及时发放红包

续表

详细描述				
时间段	流程		主播	场控
19:48—20:19	直播过程	介绍第5～8款产品	展示产品，包括细节、口感等，回答用户的问题，引导用户关注和分享直播间	把控直播节奏，引导用户关注直播间，向各平台推送直播活动信息
20:20—20:24		弹幕截图抽免单	告知用户指定的弹幕内容及抽奖规则（截3次，每次排名在第1位的用户可享受免单），引导用户参与抽奖	告知用户抽奖结果和领取方式
20:25—20:56		介绍第9～12款产品	展示产品，包括细节、口感等，回答用户的问题，引导用户关注和分享直播间	把控直播节奏，引导用户关注直播间
20:57—21:01		弹幕截图抽半价	告知用户指定的弹幕内容及抽奖规则（截3次，每次排名在第1位的用户可享受半价），引导用户参与抽奖	告知用户抽奖结果和领取方式
21:02—21:24		介绍剩余3款产品	展示产品，包括细节、口感等，回答用户的问题，引导用户关注和分享直播间	把控直播节奏，引导用户关注直播间
21:25—21:30	直播结束	表达感谢	感谢用户对本次直播活动的支持，并呼吁还没有购买的用户去购买	引导用户关注直播间

知识巩固

1．选择题

（1）【单选】分享知识或生活技能的直播营销方式是（　　）。

A．名人营销　　B．利他营销　　C．对比营销　　D．产品营销

（2）【单选】以下关于不同类别产品的直播展示方式中，正确的是（　　）。

A．服装类：试用/试用感受+产品展示+产品讲解+产品使用说明

B．农产品类：产品展示+产品讲解（+产品评测）

C．美妆护肤类：试用感受+产品展示+产品讲解+产品使用说明

D．生活用品类：现场试吃（喝）+产品讲解

（3）【单选】以摆放了鞋靴的展示架为直播间背景属于（　　）。

A．纯色背景　　B．与直播产品匹配的特色背景

C．品牌Logo背景　　D．产品摆放背景

（4）【多选】直播预热方式包括（　　　）。

A. 发布文字直播预告　　　　　B. 发布直播预告短视频

C. 专享福利透露　　　　　　　D. 站外直播预热

2. 判断题

（1）直播营销的成本一定低于其他营销方式的成本。　　　　　　　（　　　）

（2）主播人设决定直播效果。　　　　　　　　　　　　　　　　　（　　　）

（3）发布直播精彩片段可以达到二次传播的效果。　　　　　　　　（　　　）

3. 简答题

（1）简述策划直播方案的流程。

（2）简述整场直播脚本包含的内容。

（3）简述直播营销的流程。

4. 实践题

（1）某线下辣卤店计划在门店开展抖音直播，以推广品牌。该辣卤店的门店面积仅有15平方米，但由于产品味道不错、物美价廉，该店在当地小有名气，某名人也曾购买过其产品。请为该门店策划直播营销方案。

（2）7月5日是辣卤店开业5周年的日子，为庆祝门店开业5周年，该辣卤店计划在7月5日16:30—19:30开展直播，直播产品为门店所有产品，共12款，分别是卤排骨、卤鸡爪、卤鸭掌、卤牛肉、卤猪耳朵、卤鸭锁骨、卤鹌鹑蛋、卤海带结、卤藕片、卤腐竹、卤花生、卤土豆片。凡是当日进店购买产品或在美团等外卖平台下单的用户均可享受全场8折的优惠。请为该辣卤店撰写整场直播脚本。

（3）为预热活动，该辣卤店打算提前两天发布直播预告，并将直播时间添加到账号简介中。请为该辣卤店发布文字直播预告并将直播时间添加到简介中，且直播预告要包含活动信息、直播时间。

（4）直播结束后，辣卤店打算复盘直播活动。数据显示，直播实时在线人数均在3000人以上，最高在线人数为6000人，不少用户下单购买表示支持，但也有一些用户呼吁推出不辣的卤味，且部分用户表示距离较远，要购买产品就需要添加配送费，不值得；另外，外卖平台订单量达到1500单，外卖收益额达到1.5万元，比门店收益额高出6000元。根据这些数据，分析和总结该场直播做得好的地方和做得差的地方，提出改进意见，并填写在下方横线上。

做得好的地方：_____

做得差的地方：_____

改进意见：_____

项目八

社群营销

项目背景

社群营销不仅可以精准聚集品牌的目标用户群体,积累和沉淀粉丝,巩固流量基础,还可以借助口碑的力量将品牌或产品推广出去,获得更大的营销优势。本项目将以茶叶品牌"青茗"的社群营销为例,系统介绍社群营销的基础知识和方法。

知识目标

- 熟悉社群的常见类型和构成要素。
- 掌握社群名称、口号和Logo的确定方法。
- 掌握社群结构、规则的设置方法,以及开展社群营销的具体方法。

技能目标

- 能够创建完整的社群。
- 能够管理并运用好社群。
- 能够开展社群营销活动。

素养目标

- 秉承社会主义核心价值观,严禁在社群中发布不良信息。
- 严格规范社群运营,引导社群成员理性发声。

任务一 了解社群

　　"青茗"是一个茶叶品牌，其产品种类包括绿茶、红茶、乌龙茶、白茶等。据了解，不少目标用户对福利的关注度较高，且更愿意购买有优惠价格的产品。因此，为了维护与用户之间的关系，刺激用户消费，"青茗"计划根据用户的需求创建微信群，现要求营销人员根据社群的类型和构成要素，确定微信群的类型和构成要素。

微课视频：了解
社群

一、社群与社群经济

　　根据不同的标准，社群的定义不同。从狭义上来讲，社群仅指由拥有同一种需求和爱好的用户，聚集在一起形成的网络社交群体，是一种关系连接的产物。从广义上来讲，线下俱乐部、广场舞群体，甚至基于同一地理位置而集结的人群也可以称为社群。本项目将基于网络环境下狭义的社群定义来进行讲解。

　　社群以社交文化为基础，拥有特定的表现形式。一个完整且典型的社群通常有稳定的群体结构、一致的群体意识、一致的成员行为规范和持续的互动关系，社群成员之间能够分工协作，具有一致行动的能力。

　　社群经济通常是指社群成员通过互动、交流、协作，建立情感上的信任并对产品品牌本身产生反哺价值，共同形成自我循环的经济体系。社群经济是社群发展到一定程度的产物，当社群成员对社群有一定的认可度和归属感后，营销人员就可以围绕社群开展营销活动，使社群产生经济效益。

　　在社群经济中，粉丝是产生价值的关键性因素，而促成粉丝消费行为的关键是粉丝对品牌的信任和感情基础，因此品牌可以通过开展一些有意义的活动来赢得粉丝的信任，如抽奖（送礼品）活动、粉丝见面会、邀请粉丝喜欢的名人参与发布会等。

二、社群的常见类型

　　社群的类型多样，常见的社群分类方式如下。

- **按照平台分类**。按照平台的不同，常见的社群主要有QQ群、微信群和微博粉丝群。其中，QQ群和微博粉丝群均可以通过搜索申请加入，而微信群则不能通过搜索申请加入，只能通过群成员邀请或扫描二维码加入。
- **按目的分类**。按照建群目的，社群可以分为消费型社群、成长型社群、IP型社群、盈利型社群、兴趣型社群和行业型社群，按目的分类的社群如表8-1所示。

表8-1　按目的分类的社群

分类	详细描述	示例
消费型社群	为刺激用户消费而组建的发放福利的社群	如开展团购、送优惠券等的社群

续表

分类	详细描述	示例
成长型社群	为学习技能组建的有利于社群成员成长的社群	如沙龙、读书会等的社群
IP型社群	以IP为核心组建的社群，这类社群的成员一般是某个IP的爱好者	如某电影、小说讨论群
盈利型社群	一般以获取利润为目的	如销售产品、提供服务的社群
兴趣型社群	基于同一兴趣而组建的社群	如健身群、电影群
行业型社群	以行业为核心组建的社群，社群成员一般注重行业资源、资讯和人际关系	如互联网行业交流群等

从"青茗"创建社群的目的来看，该社群的创建是为了刺激用户消费，且是从用户的需求出发，符合消费型社群的特征，因此，营销人员将该社群定位为消费型社群。

三、社群的构成要素

尽管社群的类型多样，但运营良好的社群通常都具备五大要素。

- **同好**。同好是指拥有共同的价值观、共同的爱好或共同的兴趣，是社群成立的基本前提，也是社群成员共同行动的基础。根据价值观、爱好、兴趣的不同，可以形成不同的社群，如学习群、电影分享群。
- **结构**。社群结构即社群的组织管理结构，主要体现在成员结构上。明确社群结构有助于社群的分工更加明确，节省社群运营精力。
- **价值创造**。一个能够持续发展的社群，必须能够为社群成员创造价值。为了让社群成员从社群得到价值、产生价值，社群必须持续地输出内容。
- **运营**。好的运营能够使社群保持活跃、具有凝聚力，提升社群成员的归属感，并使其自主维护社群的发展和成长。营销人员可以通过规范成员加入准则、制定奖惩措施、开展话题讨论和分享活动等方法来运营社群。
- **复制**。复制可以扩大社群的规模，将成熟社群的结构及运营模式应用于新的社群，可以在短时间内以相对较低的成本形成一个大规模社群。当然，在复制之前，营销人员需要考量是否具备充足的人力、物力、财力，是否能聚集有引导社群良性发展能力的核心用户。

"青茗"所创社群的构成要素如表8-2所示。

表8-2　"青茗"所创社群的构成要素

分类	详细描述
同好	爱茶之人；对福利的关注度较高，更愿意购买有优惠的产品
结构	管理员与一般用户

续表

分类	详细描述
价值创造	茶知识分享，如茶叶的色泽、品质鉴别，茶叶的种植、加工工艺科普等；福利信息分享，如优惠产品、福利活动等
运营	制定社群引入规则；开展话题讨论和社群活动等
复制	在社群成员数量达到上限后，按照相同的运营模式和结构，分地区建立2群、3群等

 案例链接

盒马鲜生，通过微信群开展社群营销

盒马鲜生是阿里巴巴集团旗下的新零售品牌，在各地开设有线下门店。为了促进线下门店产品的销售，盒马鲜生设置了独立的App。如何将更多的用户引导到线下门店和App消费呢？盒马鲜生的社区微信群给出了答案。

盒马鲜生针对各个门店周围的社区开设了微信群，通过微信群提升周边居民的参与度。以盒马鲜生上海湾店微信群为例，盒马鲜生一般会在周末举办亲子活动，打造亲子互动场景，而要参加的用户需要提前在微信社群中报名。该微信社群还有两个固定的品牌活动：一个是每周三的会员日活动，每天上午11:00会发放优惠券等，意在将用户转化为会员，并吸引用户到线下门店消费；另一个则是社群开展的每日问候和解答，意在解决用户的疑惑和问题，优化用户体验。通过微信群，盒马鲜生很好地实现了线上、线下的全覆盖。

案例思考：

（1）盒马鲜生社群中的用户来自哪里？

（2）盒马鲜生如何通过社群开展营销？

点评： 盒马鲜生依托线下门店和线上App销售产品，通过微信群活跃和稳定用户，并做好对线下门店周围社区的参与，进而促进了线下门店产品的销售，由此可见社群营销的重要性。

任务二 创建并管理社群

开展社群营销之前，营销人员需要确定社群的名称、口号和Logo，并创建社群账号，完善社群设置，将品牌和社群联系起来。同时，营销人员还要明确社群结构，设置社群规则，做好社群的管理。

一、确定社群名称、口号和Logo

社群营销的前提是拥有被所有社群成员认可的价值观，而社群价值观很大程度上体现在社群名称、口号和Logo上。因此，营销人员应先确定社群名称、口号和Logo。

（一）确定社群名称

名称是社群的标志符号，是用户对社群的第一印象。社群成员可以通过社群名称传播和宣传社群，吸引更多具有相同爱好和价值观的用户成为该社群的新成员，这是建设社群时的首要任务。社群的命名方法主要有两种，具体如下。

- **以社群的核心构建点命名**。社群的核心构建点是形成社群的主要因素，也是该社群区别于其他社群的核心竞争力，如从产品延伸而来的小米手机的"米粉群"。但这种命名方法不利于新用户识别，适合已经拥有大量粉丝群体的社群。
- **以目标用户的需求命名**。根据目标用户群体的需求，使社群名称包含能够吸引用户的关键点，方便用户辨认和识别，如杭州厨师交流群等。

从"青茗"的用户需求来看，用户多关注福利，更愿意购买有优惠的产品，为此，营销人员从福利对用户的吸引出发，将社群名称确定为"青茗福利群"。

（二）确定社群口号

社群口号既是社群的广告语，也是社群文化的具体体现，一般比较简练且具有特殊意义。一个好的社群口号，不仅可以向用户展现社群的独特魅力，还可以激发用户的兴趣，吸引更多的用户加入社群。社群口号可以从以下3个方面进行设计。

- **功能特点**。总结社群的功能特点，并将其凝结为一句概括的话，是确定社群口号时常用的方式。例如，某书友会旨在分享好书、分享写作经验，其便以"读好书，写好文"为社群口号，简单直白。
- **利益获得**。将用户可以从社群中获取的利益作为口号，可以吸引对该利益感兴趣的用户，并能使用户为了获取该利益而不断为社群做出贡献。例如，某网络小说写作讨论群的社群口号为"本群为网络小说作者服务，欢迎大家进群分享、获取写作经验"。
- **情感价值**。深入挖掘社群文化，从中找出社群核心情感价值，并以此为社群口号。这类口号不仅可以吸引认可社群价值观的目标用户，还能进一步宣传社群定位。例如，某公益社群的口号为"让我们在20多岁时，做一件在80多岁时想起来都会微笑的事"。

社群口号在社群发展的不同阶段可以根据社群成员、社群定位和社群规模的变化修改。一般来说，社群创建初期通常以功能特点、利益获得作为社群口号的出发点，以便快速吸引用户加入社群；社群具有一定知名度时，可以使用能体现情感价值的社群口号，以便在市场竞争中获得优势地位，增强核心竞争力。

"青茗福利群"处于创建初期，可以在社群口号中体现社群的功能特点和用户可以获得的利益，如"福利献上，进群领！"。

（三）确定社群Logo

社群一般拥有数量庞大的社群成员，社群成员需要通过统一的、具有仪式感的元素进行区分，社群Logo就是其中具有代表性的元素。一些社群为了让社群成员更容易识别，还会将社群Logo用作社群账号头像。图8-1所示为社群Logo示例。

图8-1　社群Logo示例

1．选择社群Logo设计素材

社群Logo不仅能够作为社群成员的辨别依据，还起着强化社群形象的作用。根据社群成熟度的不同，社群Logo设计素材的选择也不同。

- **新建社群**。此类社群可以将社群的核心人物、社群理念对应的卡通图形、文字等作为Logo的设计素材。
- **成熟社群**。此类社群多已拥有或成立了相关品牌或IP，可以直接使用品牌或IP的Logo。

"青茗福利群"是新创建的社群，营销人员从品牌Logo中汲取灵感，采用具有代表性的颜色——绿色作为社群Logo主色调，并融入了象征品牌的元素——茶叶及品牌名称，以强化社群成员对品牌的印象。

2．设计社群Logo

用于设计社群Logo的工具有很多，如Photoshop、创客贴、Canva等。其中，Photoshop的使用需要有一定的设计基础，创客贴、Canva等在线设计工具提供了大量模板，用户只需应用模板并修改其中的文字或图形等就可以轻松制作Logo。

营销人员将设计思路提供给设计人员，设计人员根据该思路，使用创客贴设计了社群Logo，具体操作为：进入创客贴首页并登录，在搜索框中输入"Logo设计"，按【Enter】键搜索；在打开的搜索结果页面中选择模板，单击模板打开编辑页面，在打开的页面中更换文字、图形，并删除不需要的元素，完成后下载图片即可。图8-2所示为设计人员设计的"青茗"社群Logo。

图8-2　设计人员设计的
"青茗"社群Logo

二、明确社群结构

社群结构通常是根据社群成员的特性来划分的，一般来说，一个结构良好的社群主要包括社群创建者（群主）、社群管理者（管理员）、灵魂人物和社群参与者

（群成员）等多种角色，社群结构如表8-3所示。营销人员可以根据社群的大小和成员的特性来确定社群结构。

表8-3 社群结构

角色	详细描述	要求
社群创建者（群主）	社群的创建人，也是支撑社群长期发展的核心人物，对社群的发展、成长等都有深远的考虑和规划	具有一定的人格魅力，且某方面的能力出众，能够吸引用户加入社群
社群管理者（管理员）	社群发展的基石，主要负责社群线上的日常管理，如制定规则、调动社群成员的积极性等，以及一些线下活动的管理，如活动策划、场地确认等	具有良好的心理素质（如强烈的责任心、良好的自控能力）、较强的管理能力（如有大局观、有决策力）
灵魂人物	社群中占据主导地位的人，是整个社群的核心	具有人格魅力，专业技能出众，有一定的影响力
社群参与者（群成员）	社群的主要成员，一般按照"二八定律"分布，即20%的高势能人群（即领导型人群）和中势能人群（即积极分子）以及80%的普通人群（即普通社群成员）	应该包含不同势能的人群，通过丰富的势能人群整合社群能量

"青茗福利群"作为初创的品牌微信群，在前期社群成员不多的情况下，可以暂时不细化社群成员，先设置管理员和社群成员两类。但随着社群的壮大，营销人员需要为社群匹配数量足够的社群管理者，并明确不同管理者的工作，同时还要区分高势能人群、中势能人群和普通人群，从而发挥不同类型人群的作用。

 知识链接

除了以上社群成员，一些社群还包括社群开拓者、社群分化者、社群合作者、社群付费者等。扫描右侧二维码，查看具体信息。

知识链接：其他
社群成员

三、创建微信群

微课视频：创建
微信群

当前，使用微信交流的用户较多，且建立微信群有助于管理用户，因此营销人员创建了微信群，并将群名称设置为"青茗福利群"，以"青茗一点"为群管理员，由其发布福利信息，具体操作如下。

步骤01▶打开微信App，在主界面点击⊕按钮，在打开的列表中点击"发起群聊"选项。打开"发起群聊"界面，在其中选择想要添加的社群成员，然后点击右下角的 完成 按钮。

步骤02 打开"群聊"界面，点击右上角的 ••• 按钮，打开"聊天信息"界面。点击"群聊名称"选项，打开"修改群聊名称"界面，输入群聊名称"青茗福利群"，然后点击 完成 按钮，如图8-3所示。

步骤03 返回"聊天信息"界面，点击"群管理"选项，打开"群管理"界面，点击"群管理员"选项，在打开的界面中点击 ⊞ 按钮，如图8-4所示，在打开的界面中选中"青茗一点"单选项，设置其为群管理员，初步确定社群结构。

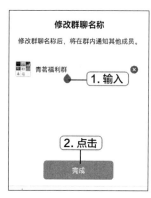

图8-3　修改群名称

图8-4　设置群管理员

在微信群创建后，营销人员还通过社群的"聊天信息"界面获取群二维码，并借助微信公众号引导用户主动扫描二维码成为社群成员。同时，营销人员还引导用户添加了企业微信号，然后通过发放福利的方式将其他平台的用户引流到微信群中，以进一步积累和沉淀粉丝。

四、设置社群规则

为了更好地开展社群营销，营销人员需要制定与社群定位相符的规则，通过规则管理和约束社群成员的行为，以保证社群持续健康地发展。

社群规则一般包括引入规则、入群规则、交流规则、分享规则和淘汰规则，营销人员可以根据社群的发展情况，选择并制定适宜的规则。

1．引入规则

社群引入规则即吸纳新成员进群的规则，可以作为引入要求，用于筛选社群成员。一般来说，社群引入规则主要有5种，社群引入规则如表8-4所示。

表8-4　社群引入规则

规则	详细描述	作用
邀请制	通过邀请的方式引入新成员，被邀请人一般都需要满足一定的条件，如知识渊博、社群会员等	可以在一定程度上保证社群的质量

规则	详细描述	作用
任务制	申请入群的用户完成某项既定任务才能成为社群成员，如转发消息并认证、集赞、填写报名表、注册会员等	有助于提升社群的活跃度
付费制	申请入群的用户支付费用后可进群成为新成员	可以体现社群的价值，加快产品或内容的转化速度
申请制	社群公开发布招募信息，想要入群的用户需提交申请，考核成功后才能入群	可以用来筛选社群成员
举荐制	社群成员内部以推荐、举荐的方式引入新成员	推荐人和被推荐人之间存在责任连带关系，有助于管理社群、提高工作效率

"青茗福利群"为品牌的目标用户服务，营销人员决定采用邀请制引入社群成员。引入规则为：凡购买"青茗"产品次数达到两次及以上的用户，即可被邀请入群。

2．入群规则

入群规则即加入社群不久的新成员需遵守的一系列规则，意在让新成员明白自我介绍统一规范、社群的性质、本人的工作内容。入群规则通常体现在命名规范和群公告上。

- **命名规范**。常见的社群成员命名规范一般包含身份、昵称、序号、归属地等元素，常采用序号+身份+昵称、序号+身份+归属地的模式。
- **群公告**。群公告旨在展示社群信息并明确社群成员的行为规范，如告知社群成员哪些事可以做（如自我介绍、专业内容发表等）、哪些事不能做（如发广告、拉投票、争吵等）及怎么做（如内容分享的流程）等。

"青茗福利群"处于初创期，为了尽可能留住社群成员，不设置命名规范，但由于该群为"青茗"的专有社群，因此不允许发布其他品牌的广告，群管理员为此设置了群公告，群公告内容为"本群为青茗的福利群，旨在为大家提供福利，不允许社群成员发布其他品牌的广告，一经发现，立即将发布者移出本群"。

3．交流规则

制定交流规则可以培养社群成员良好沟通和交流的习惯、促进社群的规范化。一般来说，社群交流规则需要明确以下内容。

- 发言时间、发言格式（字体、字号和颜色设置等）和发言礼仪。
- 出现问题怎么解决。
- 出现争论后怎么办。
- 对恶意发言者的处罚。
- 怎么投诉。

为促进社群成员的沟通，"青茗福利群"不设置交流规则对社群成员的言行予以规范。

4. 分享规则

分享规则旨在促进社群信息的传播，加强社群成员之间的互动，提高社群的质量。制定社群分享规则时，可以根据社群的结构来确定分享方式及相关细则。分享方式可以是灵魂人物分享、嘉宾分享和其他社群成员分享等，分享细则可以包括分享主题、分享时间、分享流程等。

"青茗福利群"从当前的结构来看，只有管理员和社群成员，因此，分享时主要由管理员主导。分享前，管理员会提前告知社群成员分享的主题、时间和流程，普通社群成员可自愿选择是否参与分享。

5. 淘汰规则

使用淘汰规则可以淘汰质量不佳的社群成员，留下对社群有贡献、有参与热情的成员。社群淘汰规则主要有以下3类。

- **人员定额制**。限制社群成员的数量，数量达到上限时淘汰参与度低、互动少的成员，以保持社群的活跃。
- **犯规移除制**。规定禁止出现的影响社群正常发展的各种行为，以及犯规的程度、次数和相应的处罚等，淘汰严重违规的社群成员，如规定禁止发送第三方广告，犯规者将被淘汰。
- **积分淘汰制**。在社群内采用积分制，告知社群成员获取积分的途径及积分扣除策略，在规定时间内统计社群成员的积分情况，积分不达标者将被淘汰。

除了规定发布其他品牌的广告会被淘汰，"青茗福利群"不设置额外的淘汰规则。

 案例链接

每日黑巧通过私域开展营销

每日黑巧是主打健康的巧克力品牌，于2019年7月正式成立。据报道，在不到两年的时间里，每日黑巧的月销售额已经突破千万元，私域复购率高达38%。而在所有私域中，企业微信群是每日黑巧营销的重要阵地。

每日黑巧的企业微信群是以福利发放为主的消费型社群，营销人员每日会在社群中发布活动优惠、新品体验、新品尝鲜等专项福利，以留存用户，并促进产品转化。除了发放福利，每日黑巧的企业微信群也为私域营销的成功创造了条件。在社群名称上，每日黑巧以"每日黑巧幸福体验号"作为社群名称，既强调了品牌，又赋予了社群一定的温度。在社群结构上，每日黑巧以企业微信"黑巧酱""黑巧君"为管理员，将管理员打造成每日黑巧官方福利官，向用户发放福利并与用户互动，如图8-5所示。在引入规则方面，用户只有添加了"黑巧酱"的微信公众号之后，扫描提示的社群二维码，然后进行实名认证后（见图8-6）才能加入社群，从而在一定程度上使进入社群的用户更加精准。

图8-5 社群名称和管理员

图8-6 引入规则

案例思考：

（1）每日黑巧在用户引入方面有什么特色？

（2）每日黑巧的社群通过哪些方面强化用户对品牌的认知？

点评： 每日黑巧用福利吸引用户加入社群，并利用社群结构与规则不断强调品牌调性。不管是社群名称还是管理员的打造，都为每日黑巧在社群开展品牌营销活动时提供了便利。

任务三 开展社群营销

近期，"清茗"开展了主题为"暖冬季"的优惠活动：12月8日—10日，只要购买金额达到300元，用户即可享受"满300元减50元"的优惠。营销人员需要选择合适的营销方式来输出福利信息。同时，为庆祝社群成立，"清茗"计划开展社群活动，营销人员需要选择合适的活动类型，做好社群活动的开展工作。

微课视频：社群营销

一、选择营销方式

社群营销实际上是对社群经济的一种培养和利用，是指品牌为满足用户需求，通过微博、微信等社群推销自身产品或服务而形成的一种商业形态。社群营销有其独特的营销方式，营销人员可以根据社群的类型和性质，选择合适的营销方式输出营销信息。主要的社群营销方式如表8-5所示。

表8-5　主要的社群营销方式

营销方式	详细描述	具体方式/要求
价值营销	一般是通过向用户展示其在社群中能够获得的知识等，吸引用户加入社群。一般来说，内容价值越高越容易吸引用户加入社群	讨论输出：社群成员在社群中就相关知识或营销人员发布的具有争议性的内容进行讨论，从而输出价值
		直播输出：通过开设直播，将知识、经验等分享给社群成员
		图文或小程序输出：直接发布带有营销信息的图文或者小程序链接
灵魂人物营销	通过灵魂人物在某一领域的影响力，吸引对其感兴趣的用户加入社群	以单个灵魂人物为主：主要通过灵魂人物的知识输出、经验分享等吸引用户入群
		以多个灵魂人物为主：通过多个灵魂人物的知识和技能分享、互动等吸引用户入群
社群文化营销	通过展现、传播社群文化来引发用户的共鸣，从而与用户建立精神连接，社群文化就是包括目标、规则、福利、口号及Logo等在内的一种社群精神	将社群Logo设置为群头像或其他内容，将社群口号、福利等信息设置为群公告；在"打卡"规则中融入社群文化，如发布口号等

　　"青茗福利群"能向用户传递福利信息，且不便于发布知识型内容或者具有争议性的内容，没有大型品牌活动的支撑，不适合采用直播输出的方式，因此，营销人员选择采用价值营销的方式，通过图文或小程序输出福利信息，告知用户福利的使用期限、使用途径等。图8-7所示为营销人员在微信群内以文字形式发布的关于"暖冬季"的福利信息。

图8-7　关于"暖冬季"的福利信息

二、开展社群活动

　　为了让营销得到更多的正向反馈，营销人员将在微信群中开展一些社群活动，以加强社群成员的感情联系、培养社群成员的黏性和忠诚度。

（一）选择活动类型

　　社群活动的类型多样，营销人员可以根据营销目的选择不同的活动类型，常见的社群活动类型如表8-6所示。

表8-6　常见的社群活动类型

社群活动		详细描述	作用
线上活动	分享活动	分享者向社群成员分享一些知识、心得、体会、感悟等，也可以针对某个话题开展交流讨论。一般邀请专业的分享者或邀请社群中表现突出的成员分享	可以激发其他成员的参与热情和积极性
	交流活动	挑选一个有价值的主题，发动社群成员共同参与讨论的一种活动形式	可以让社群的每一位成员都参与交流，输出高质量的内容
	"打卡"活动	为了让社群成员养成一种良好的习惯或培养良好的行为而采取的一种签到的形式	可以监督并激励社群成员完成某项计划
	福利活动	发放礼品福利或者红包福利的活动形式，其中礼品福利包括实物礼品、荣誉和积分等虚拟礼品，红包福利包括节日红包、定向红包（即专属红包）等	可以提升社群的活跃度，增强社群成员的黏性
线下活动	社群成员生日会	社群在每个月抽出一天时间，为当月过生日的社群成员举办生日会	为社群成员创造共同交流的机会，传递社群的人文关怀
	节假日聚会	在一些重要的节假日，如中秋节、元旦、元宵节，举办一些小规模的聚会	可以增强社群成员的归属感
	同城会	如果社群成员的分布范围较广，可以用同城会的方式让处于同一地区的社群成员在线下交流	可以增进同一地区的社群成员之间的情感
	社群联合聚会	联合多个社群开展跨社群聚会	可以丰富社群活动，吸引新的社群成员

由于"青茗福利群"才创建不久，社群成员之间彼此不熟悉，社群氛围有待活跃，因此，营销人员选择开展线上活动，活动形式为福利活动。

（二）开展活动

在开展活动的过程中，营销人员按照确定活动信息→活动预热→活动实施的流程进行。

1. 确定活动信息

开展活动前，营销人员需要确定此次活动的基本信息，包括主题、时间、形式等。

结合社群创建的时间，营销人员将活动主题确定为"'清茗福利群'创建成功，感恩用户"，活动时间为12月9日，活动形式为发放红包福利。红包福利的相关信息如下。

红包类型：拼手气红包。

红包大小：总计200元，分为40个。

福利领取规则：营销人员发布红包后，社群成员即可开始领取红包；红包共发放两轮，每次发放数量为20个、金额为100元的红包，两轮过后停止发放红包。

参与条件：全体社群成员皆可参与。

红包发放时间：12月9日19:00、19:30。

2．活动预热

活动开始前，营销人员需要先进行活动预热，如以群公告的形式告知活动信息，在社群里发布预热文案，开展一些小活动（如问题抢答、成语接龙或领取红包等）。

为此，营销人员将群公告更改为以下内容，并在社群中发布了活动预热海报，同时开展了以茶知识、茶文化为中心的问题抢答，以及分别以"青茗福利群"中的5个字为首字的成语接龙活动。

"青茗福利群"创建成功啦！为感谢大家的支持，本群将于明天19:00、19:30发放拼手气红包，大家千万不要忘了来领红包哦！

3．活动实施

营销人员在12月9日18:50开始介绍福利领取规则，并@全体成员聚集社群成员，营造热闹的活动氛围，然后在19:00准时发放拼手气红包，红包金额为100元、数量为20个。拼手气红包的设置方法为：在群聊天界面下方点击⊕按钮，在打开的列表中点击"红包"选项；在打开的"发红包"界面中将红包类型更改为"拼手气红包"，设置红包数量为20个，总金额为100元，如图8-8所示，点击 塞钱进红包 按钮发放红包。

图8-8　设置拼手气红包

 **案例链接**

小米社群，从手机"发烧友"到"100个梦想的赞助商"

小米是我国知名的智能手机品牌，在成立10周年纪念日，其创始人揭露了该品牌从无到有、从小变大的成功秘诀，那就是社群营销。

小米通过社群聚集了一群手机"发烧友"，并让其参与产品开发的各个环节，感受品牌文化和发现品牌价值，进而将其转化为品牌的拥护者和传播者。初建社群时，小米找到了100个手机"发烧友"，让其体验正在开发的MIUI（手机操作系统），而这群用户帮助小米完成了测试，并自发传播品牌文化，让社群发生了裂变。为感谢这100个用户，小米将他们的论坛ID写在开机界面中，并将他们称作"100个梦想的赞助商"。

随着社群规模的扩大，小米越发注重社群营销，会在系统开发的过程中不断搜集用户的意见和建议，以及在新品上市前让部分用户试用，还会让用户参与缺陷管理系统的修改，提升用户的参与度。在内容输出方面，用户可以分享自己的使用感受和玩法，实现与其他用户之间的深层交流，这也为用户创造了更多的自我价值。

案例思考：

（1）小米的社群营销采用了什么营销方式？

（2）小米的社群营销如何实现用户和品牌的双赢？

点评：小米的社群营销以用户为中心，让用户参与产品研发，进而创造社群文化和价值，实现品牌创新。

📈 任务实训 •••••

一、为"农禾"创建微信群

【实训背景】

为了更好地促进销售和服务用户，"农禾"打算创建微信群，社群成员为公司或旗下产品的粉丝，发布内容以福利分享和日常答疑为主。为方便管理，拉近与用户的距离，公司将打造一个管理员账号，由该账号分享福利和解答用户的疑问。现郝安需要确定社群类型和名称、管理员账号名称和人设，并为公司创建微信社群。

【实训要求】

（1）根据社群创建目的和发布内容确定社群类型和名称。

（2）根据公司性质和名称确定管理员账号名称和人设，并创建微信群。

【实训过程】

步骤 01 ▶ 确定社群类型。公司创建社群的目的是更好地促进销售和服务用户，符合消费型社群的特点，因此郝安可以将社群类型确定为消费型社群。

步骤 02 ▶ 确定社群名称。社群发布内容以福利分享和日常答疑为主，且社群成员为粉丝，郝安可以将社群命名为"农禾粉丝福利群"。

步骤 03 ▶ 确定管理员账号名称和人设。管理员的账号名称应当包含公司名称，郝安可以将名称确定为"农禾君"。在人设方面，管理员应承担福利发放的职责，郝安可以将人设确定为"农禾首席福利官"。

步骤 04 ▶ 创建微信社群。打开微信App，创建名为"农禾粉丝福利群"的微信群，并设置"农禾君"为管理员，通过群公告告知社群主要发布的内容。群公告内容可以为："本群提供福利分享，如果您在购买过程中遇到产品、价格等方面的问题，可以联系农禾君，农禾君将尽快为您处理。"

二、为微信群策划营销方案

【实训背景】

为更好地在社群内开展营销，郝安准备为"农禾"策划社群营销方案，形成固定的社群营销模式，让用户更清楚社群营销的节奏。"农禾"暂时确定了3种营销活动，分别是会员日活动、超值福利活动、主题日活动，并打算将这3种营销活动作为固定的社群营销活动。现郝安需要选择合适的营销方式，并合理规划这3种营销活动，形成可行的社群营销方案。

【实训要求】

（1）根据社群类型和发布内容选择合适的营销方式。

（2）合理规划3种营销活动，形成可行的社群营销方案。

【实施过程】

步骤01▷选择合适的营销方式。该社群为消费型社群，通过该社群，用户可以知晓福利、消除疑问，因此该社群更适合采用价值营销这一方式。

步骤02▷合理规划营销活动。郝安可以以周为单位安排活动，不同活动应间隔一定的时间。例如，可以将周二确定为会员日，在周四开展超值福利活动，在周日开展主题活动，并在周一公布本周的所有活动及其内容。

步骤03▷形成可行的社群营销方案。规划好营销活动后，郝安需要策划出切实可行的社群营销方案，表8-7所示为郝安以周为单位策划的社群营销方案。

表8-7　郝安以周为单位策划的社群营销方案

时间	活动安排	详细内容	日常
周一	9:00发布本周活动清单，统一使用"#本周活动清单"作为开头	包括各个活动的时间及内容	早晚各发送一条问候信息，每天开展日常答疑
周二	发布会员日活动信息	所有会员均可享受部分产品7折的优惠；可以参与积分免费兑好礼的活动；新会员可以享受一元购产品体验装的福利	
周三	发布本日特惠产品，产品统一用"【】"进行强调	包括产品类型、优惠价、购买条件等	
周四	发布超值福利活动信息（每次设置3款特价产品）	包括活动产品、产品价格、产品数量等	
周五	发布本日特惠产品，产品统一用"【】"进行强调	包括产品类型、优惠价、购买条件等	
周六	发布主题活动信息	包括活动主题、活动形式、活动规则等	
周日	发布主题活动进展信息	包括活动开展情况、产品销量、活动热度等	

知识巩固

1. 选择题

（1）【单选】为刺激用户消费而组建的发放福利的社群是（　　　）。

　　A. 成长型社群　　B. 盈利型社群　　C. 行业型社群　　D. 消费型社群

（2）【单选】社群的标志符号是（　　　）。

　　A. 社群名称　　B. 社群口号　　C. 社群Logo　　D. 社群头像

（3）【多选】社群的规则包括（　　　）。

　　A. 引入规则　　B. 入群规则　　C. 交流规则　　D. 共享规则

2．判断题

（1）社群创建者可能是灵魂人物。 （　　）

（2）"××（产品名）粉丝交流群"是以社群的核心构建点命名的。 （　　）

（3）社群经济实际上就是对社群营销的一种培养和利用。 （　　）

3．简答题

（1）简述社群的构成要素。

（2）简述常见的社群活动类型。

4．实践题

（1）在QQ中搜索"运动"，查找运动型社群，观察它们的名称、口号、Logo，分析社群的命名方法、社群口号的确立方法和社群Logo的设计要素。

（2）为手机品牌"青鸟"创建微信群，群名称为"青鸟会员群"。

（3）本周五是"青鸟"的会员日，会员日当天，凡是在"青鸟"门店消费的会员即可享受全场8.8折的优惠，每消费1元可记5积分（平常每消费1元记1积分），积分可用于免费兑换礼品（如蓝牙耳机、手机壳、充电宝等）。请为"青鸟"选择合适的营销方式，然后在微信群中发布会员日活动信息。

（4）"青鸟"计划研发新品，在研发前，"青鸟"希望收集用户对新品的期望，以优化用户体验。为此，"青鸟"计划在微信群中开展"新品展望"分享活动。请试着按照分享活动的流程策划分享活动方案。

项目九 新媒体营销数据分析

项目背景

　　分析新媒体营销数据不仅可以帮助营销人员掌握营销情况，还有助于营销人员优化营销策略。本项目将以男装品牌"优士绅"的微信公众号数据、微博数据、抖音数据、直播营销活动数据等的分析为例，系统介绍新媒体营销数据分析的基础知识和方法。

知识目标

- 掌握数据分析的基本步骤、常用方法。
- 熟悉常用的第三方数据分析工具。
- 掌握分析微信公众号数据、微博数据、抖音数据、直播营销活动数据的方法。

技能目标

- 能够使用第三方工具分析数据。
- 能够掌握微信公众号、微博等新媒体平台数据的含义。
- 能够分析微信公众号、微博等的数据。

素养目标

- 培养数据敏锐度，具备一定的储存和获取数据的能力。
- 能够熟练地将数据分析知识运用到实践中。

任务一　了解数据分析

　　"优士绅"是一个男装品牌，其目标用户是18～35岁的男性。为全方位触达目标用户，"优士绅"开通了同名微信公众号、微博账号和抖音账号，并开通了抖音直播。为了让营销更加精准，"优士绅"要求营销人员及时对新媒体营销数据进行分析。在正式分析数据前，营销人员需要清楚数据分析的作用、基本步骤、常用方法，以及常用的第三方数据分析工具。

微课视频：了解
数据分析

一、数据分析的作用

　　数据分析是指有针对性地收集、加工和整理数据，并采用适当的分析方法分析数据，提取有用信息并形成结论，是一个对数据进行详细研究和概括总结的过程，在了解营销质量、调整营销方向等方面发挥着重要作用。

- **了解营销质量**。新媒体营销平台众多，分析平台在营销期间的主要数据（如用户数据、效果数据）及其变化，可以更好地了解品牌在不同平台的营销质量。其中，效果数据直观地反映了新媒体营销的效果，主要包括阅读量、粉丝量、点赞量、转发量和评论量等。
- **调整营销方向**。分析和研究各大平台的用户数据，可以获得更加准确的用户需求信息，帮助营销人员预测并调整营销方向。
- **控制营销成本**。新媒体营销要想取得较好的营销效果，需要花费较高的营销成本。通过数据分析，营销人员可以更加精准地定位目标用户群体、把握用户需求，更精准地投放广告，减少不必要的成本，进而达到控制营销成本的目的。
- **调整和评估营销方案**。开展新媒体营销时，营销人员一般会提前制定相应的营销方案。但在实际的实施过程中，某些因素可能会产生变化，此时营销人员可以分析相关的数据来适时调整方案，以确保方案的顺利实施。

二、数据分析的基本步骤

　　数据分析通常需要经历一个过程，营销人员可以按照以下步骤进行，以便更加精准地挖掘与分析数据。

- **第一步：明确分析目的**。明确分析目的可以将模糊的分析需求精确化，有助于更精准地评估营销效果。
- **第二步：获取数据**。营销人员需要罗列出可能与分析目的相关的营销数据，然后使用一定的工具和方法获取这些数据。
- **第三步：处理数据**。在这一步，营销人员需要整理数据，并剔除与目的相关性不大的数据，并合并重复出现的数据，甚至使用一定的计算公式得出更加准确有效的数据。
- **第四步：分析数据**。营销人员可以使用一定的数据分析方法分析处理后的数据。

- **第五步：总结数据**。营销人员需要总结数据分析的结果，找到当前营销状况的成因，并总结经验，以优化新媒体营销方案。

三、数据分析的常用方法

掌握数据分析方法有利于营销人员把握营销事件的本质和规律，获得更加准确的分析结果，做出正确的营销决策。常用的数据分析方法主要有以下几种。

- **对比分析法**。以某一参照物为中心，通过对比分析其在不同时间段的不同发展情况，找出差异。例如，某品牌为分析第三季度的销售情况，以销售额为参照物，将第三季度的销售额与第一、二季度的销售额进行对比，如图9-1所示。
- **拆分分析法**。将一个大的问题细分为一个个小问题，再通过分析小问题，快速找到产生问题的原因。例如，某网店为找出营业额下降的原因，根据营业额由流量、转化率和客单价决定这一已知条件，将问题拆分为流量、转化率和客单价这3个小问题，并不断地细分，以找出问题根源，拆分分析如图9-2所示。

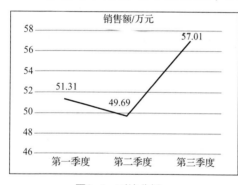

图9-1　对比分析

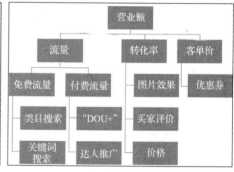

图9-2　拆分分析

- **漏斗分析法**。通过对营销各个环节进行分析，从而直观地发现并说明问题。例如，分析产品的转化效果，可以对产品的浏览量、点击量、下单量、支付量等数据进行分析，从而发现哪个环节可能存在问题，漏斗分析如图9-3所示。

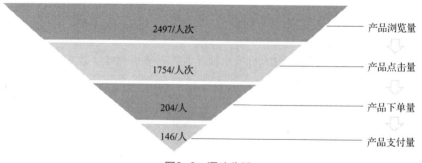

图9-3　漏斗分析

- **相关性分析法**。通过对两个或两个以上具有关联的因素进行分析，得出这些因素之间的关联程度。例如，某箱包品牌统计了一个月内用户同时下单购买的多个产品，并据此制作出表格，找出了多被搭配在一起购买的产品，以此将其作为搭配产品，进行关联销售。

四、常用的第三方数据分析工具

在分析数据时，有时需要用到第三方数据分析工具，如新榜、飞瓜数据等，营销人员可以根据实际需要进行选择。常用的第三方数据分析工具如下。

- **新榜**。新榜是一个专注于内容产业的服务平台，汇聚了当前比较主流的新媒体平台的数据，如微信公众号、微博、小红书、抖音等的数据。新榜按照日、周、月的时间顺序罗列数据，并根据数据的情况制作了日榜、周榜和月榜。通过这些榜单，营销人员可以查看各项数据排名靠前的用户。图9-4所示为新榜中的微信公众号日榜数据。

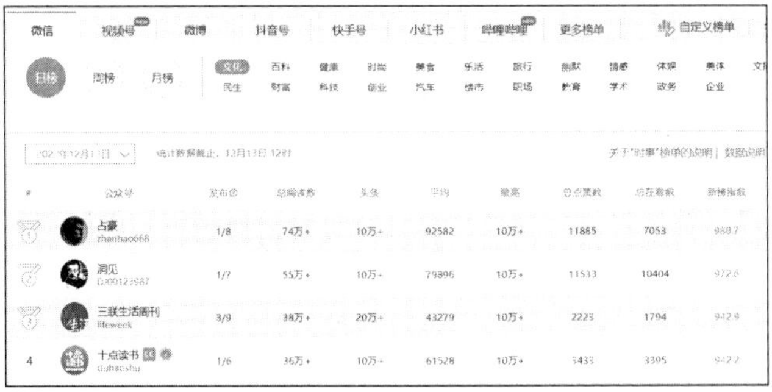

图9-4　新榜中的微信公众号日榜数据

- **飞瓜数据**。飞瓜数据是一款"短视频+直播电商"数据分析工具，分为抖音版、快手版和哔哩哔哩版。使用飞瓜数据，营销人员可以了解直播流量相关的数据、分析品牌所在行业的情况、挖掘优质达人和探查热销产品。

- **蝉妈妈**。蝉妈妈是一个"直播+短视频电商"数字营销服务平台，提供抖音分析平台、小红书分析平台、蝉妈妈场控、蝉妈妈精选等数据分析功能，可以帮助营销人员快速查找达人和产品，提升直播和短视频的"带货"效率。图9-5所示为蝉妈妈首页。

图9-5　蝉妈妈首页

案例链接

蝉妈妈推出《抖音电商2022上半年行业报告》

2022年8月，蝉妈妈基于自身对抖音电商的统计数据，推出了《抖音电商2022上半年行业报告》，深入分析了抖音电商在2022年上半年的成绩，以及增长较快的品类。

在分析抖音电商的成绩时，蝉妈妈使用核心指标销售额、销量、带货直播场次、带货视频数、产品数等进行了衡量。其中，2022年上半年抖音电商销售额同比增长150%，销量同比增长142%，产品数突破了1亿大关，由此可以看出，抖音电商在2022年上半年的成绩非常亮眼。除此之外，蝉妈妈还将核心指标进行了拆分，综合分析了与核心指标相关的因素，如在带货直播场次方面，蝉妈妈分析了各省区市带货直播销售额占比、带货直播达人数占比等。

在分析增长较快的品类时，蝉妈妈以销售额为参照物，通过对比分析不同品类2022年1月—6月的销售额与2021年1月—6月的销售额，得出了各品类的发展情况：小众行业增速明显。同时，蝉妈妈还详细分析了各品类的细分品类，如在厨卫家电品类中，蝉妈妈对比分析了不同细分品类的销售额，发现生活电器在2022年上半年是厨卫家电品类中的销售主力，其销售额同比增长376%。

案例思考：

（1）案例中使用了哪些数据分析法？

（2）就数据获取而言，案例带来了什么启示？

点评：蝉妈妈借助自身的数据积累，使用对比分析法、拆分分析法等数据分析方法，多角度综合分析了抖音电商在2022年上半年的发展情况，在为自己提供数据分析结果的同时，也为行业提供了数据参考。

任务二 分析微信公众号数据

"优士绅"的微信公众号主要发布图文类营销文案，提供品牌动态、新品上新、官方商城等服务，并以此设置菜单栏。现营销人员需要分析该微信公众号的营销数据，分析时，营销人员将重点分析微信公众号的用户数据、内容数据、菜单数据和消息数据。

微课视频：分析微信公众号数据

一、用户分析

微信公众号后台提供用户分析、内容分析、菜单分析和消息分析等板块的数据，其中用户分析板块记录了微信公众号的各类用户数据，主要包括用户增长数据和用户属性数据，营销人员将重点分析这两类数据。

（一）用户增长数据

用户增长数据反映了账号粉丝的增长趋势与原因，主要包括4个关键指标，分别是新关注人数、取消关注人数、净增关注人数和累计关注人数，其中，新关注人数直接反映了粉丝的增长情况，是用户分析中非常重要的数据指标。因此，营销人员可以重点关注用户增长数据中的新关注人数。

登录微信公众平台，在后台左侧的列表中选择"数据"栏中的"用户分析"选项，在打开的页面的"用户增长"选项卡中即可查看用户增长数据。图9-6所示为"优士绅"微信公众号的用户增长数据。

昨日关键指标			
新关注人数	取消关注人数	净增关注人数	累计关注人数
11	**8**	**3**	**3177**
日 ↓ 69.32%	日 ↑ 8.32%	日 ↓ 68.75%	日 ↓ 0.12%
周 ↓ 69.67%	周 ↑ 90.52%	周 ↓ 89.46%	周 ↑ 6.32%
月 ↓ 81.05%	月 --	月 ↓ 82.33%	月 ↓ 0.47%

图9-6 "优士绅"微信公众号的用户增长数据

从图9-6中可以看出，"优士绅"微信公众号日、周的新关注人数在大幅减少，且取消关注人数大幅增加，说明该微信公众号昨日、近7天发布的图文消息可能不符合用户的喜好，营销人员需要对内容做进一步分析和优化。

（二）用户属性数据

用户属性数据反映了粉丝的基本情况，主要包括人口特征、地域归属、访问设备等数据指标。分析用户属性数据可以得知微信公众号的定位是否精准，以便调整营销策略。图9-7所示为"优士绅"微信公众号的部分用户属性数据。

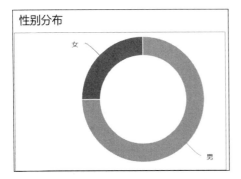
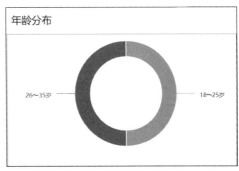

图9-7 "优士绅"微信公众号的部分用户属性数据

从图9-7中可以看出，"优士绅"微信公众号的粉丝主要是18～35岁的男性用户，这与品牌目标用户相符，说明微信公众号的定位较为精准。

二、内容分析

内容分析板块统计了微信公众号内容的群发分析数据和多媒体分析数据。其中，群发分析数据针对的是图文消息数据，多媒体分析数据针对的是视频、音频数据。

"优士绅"微信公众号以发布图文消息为主，营销人员只需分析群发分析数据。为了更好地了解内容的情况，营销人员将重点分析单篇图文群发数据。

（一）查看并分析单篇图文群发数据

查看单篇图文群发数据的具体操作为：在微信公众平台左侧列表中选择"内容分析"选项，在打开的页面的"群发分析"选项卡中单击"单篇群发"超链接，在打开的页面中查看单篇图文群发数据。图9-8所示为近30天"优士绅"的部分单篇图文群发数据。

内容标题	时间	阅读次数	分享次数	阅读后关注人数	送达阅读率	阅读完成率	操作
2022-11-29 至 2022-12-29　导出图文数据							
气温骤降！新概念羽绒服，火热加温！	2022-12-29	155	0	1	0%	70%	详情
20载征程，优士绅致敬同行的你	2022-12-22	50	0	0	0%	30%	详情
新国标羽绒服	2022-12-15	750	4	2	0%	100%	详情
新品尝鲜，只要599元	2022-12-08	15	0	0	0%	100%	详情

图9-8　近30天"优士绅"的部分单篇图文群发数据

从图9-8中可以看出，近30天，"优士绅"平均每周发布一篇微信公众号文案，其中12月15日和12月29日的文案的阅读次数较多，且新增了阅读后关注人数，结合文案标题来看，可能是因为文案借助了新国标发布和降温的热度，但12月29日的文案的阅读完成率未达到100%，可能是由于正文的吸引力不够。12月8日和12月22日的文案的阅读次数较少，且分享次数、阅读后关注人数皆为0，结合文案标题来看，可能是因为标题对用户缺乏吸引力，同时，12月22日的文案的阅读完成率仅为30%，可能是正文吸引力不够、篇幅太长等导致的。

（二）查看并分析数据详情

为了深入挖掘原因，营销人员查看了每篇文案的数据详情，单击图9-8中标题对应的"详情"超链接，即可在打开的页面中查看数据详情。根据上一步的分析，营销人员重点查看了阅读完成情况。阅读完成情况统计了用户的跳出比例（跳出比例=跳出人数÷总阅读数），分析该数据有助于衡量文案的内容质量。图9-9所示为12月29日的文案的阅读完成情况。

从图9-9中可以看出，该篇文案在末尾的跳出比例较高，说明大多数用户阅读到了最后。但在0%～10%和40%～50%处也有用户跳出，说明该篇文案的开头和中间部分的内容存在问题，内容质量有待提升。紧接着，营销人员查看了12月22日的文案的阅读完成情况，发现也存在同样的情况，于是详细查看了这两篇图文的具体内容，发现文案开头皆是陈述句，且阅读完整篇图文需要4分钟左右。因此，营销人员打算在撰写文案开头时运用一定的写作技巧，如采用疑问句开头等，并合理安排内容的详略，重点呈现核心内容（如产品核心卖点），缩减不必要的描述语。

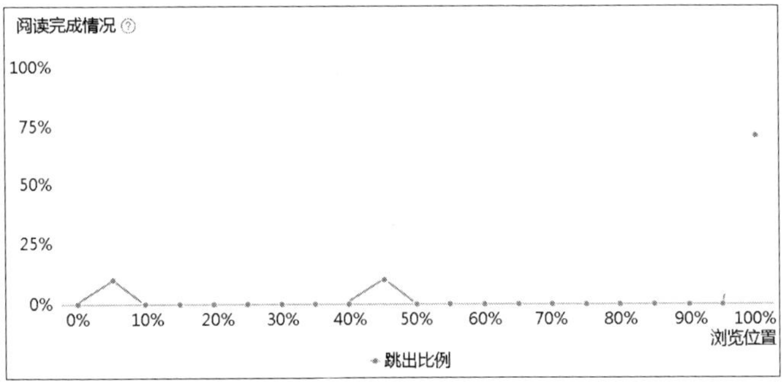

阅读完成情况 ⓘ

图9-9　12月29日的文案的阅读完成情况

三、菜单分析

　　对于微信公众号而言，菜单栏设置得越合理，越有助于引导用户点击并了解微信公众号服务、内容特色等。菜单分析就是对微信公众号菜单栏的数据进行分析，主要包括分析菜单点击次数、菜单点击人数、人均点击次数等数据指标，其中，菜单点击次数是衡量菜单栏设置是否合理的重要数据指标。因此，营销人员重点分析了"优士绅"微信公众号菜单点击次数。

　　在微信公众平台左侧列表中的"数据"栏中选择"菜单分析"选项，在打开的页面中滑动鼠标滑轮即可查看微信公众号菜单点击次数。图9-10所示为"优士绅"微信公众号菜单点击次数。

　　从图9-10中可以看出，"优士绅"将新品上新、官方商城、品牌动态设置为一级菜单，其中，品牌动态还包括会员注册、品牌动态两个子菜单。各菜单按点击次数由高到低的排序为：新品上新＞品牌动态（一级菜单）＞会员注册＞官方商城、品牌动态（子菜单），且这些菜单的点击次数在最近30天整体呈减少趋势。由此可看出，用户对新品比较感兴趣，但却缺乏前往官方商城购买的动力，说明新品可能没有精准满足用户需求。营销人员打算通过调研等进一步了解用户需求，并将调研结果融入新品研发，进一步优化产品。

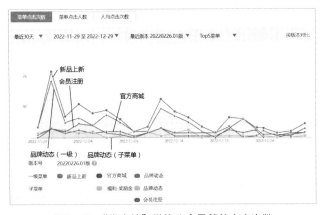

图9-10　"优士绅"微信公众号菜单点击次数

四、消息分析

消息即用户发送的即时消息（已关注的微信公众号主界面会出现 发消息 按钮，用户可通过点击该按钮向微信公众号发送消息），是微信公众号与用户沟通交流的重要方式，消息分析板块统计的便是用户通过主界面发送消息的相关数据。消息分析板块由两部分组成，分别是消息分析和消息关键词。其中，消息分析部分会按照消息发送的时间，将统计的数据以小时报、日报、周报、月报的形式呈现出来，且统计的数据皆包含消息发送人数、消息发送次数、人均发送次数等数据指标。通过这些数据指标，营销人员可以清楚地了解用户的内容偏好。

在微信公众号后台左侧列表的"数据"栏中选择"消息分析"选项，在打开的页面中即可查看消息分析数据。为了精准把握用户的需求变化，营销人员分析了消息分析中的小时报和消息关键词，这样一方面可以通过小时报掌握用户的活跃时间段，另一方面可以通过消息关键词进一步确定用户需求。

（一）查看并分析小时报

从小时报中可以了解用户经常发送消息的时间段，找出用户集中访问微信公众号的时间段，进而更好地做好客服人员安排，优化用户体验。图9-11所示为"优士绅"微信公众号2022年11月29日的消息发送人数小时报。

从图9-11可以看出，当日消息发送人数较多的时间段大致为8:00—9:00、12:00—13:00、20:00—21:00。紧接着，营销人员又查看了其他日期的消息发送人数小时报，发现消息发送人数较多的时间段均为8:00—9:00、12:00—13:00、20:00—21:00，由此确定这3个时间段是流量高峰期，营销人员将在这3个时间段增设微信公众号客服人员，以提高服务效率。

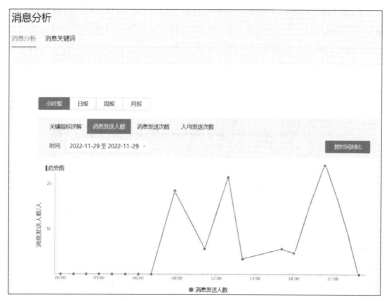

图9-11 "优士绅"微信公众号2022年11月29日的消息发送人数小时报

（二）查看并分析消息关键词

消息关键词即用户自主或根据提示发送的关键词。通过分析消息关键词，营销人员可以了解用户主要的疑惑点和需求点，并优化菜单栏设置和自动回复设置。图9-12所示为近30日"优士绅"微信公众号的消息关键词。

消息关键词 TOP200	全部	自定义关键词	非自定义关键词		

时间

7日	14日	30日	2022-11-29 至 2022-12-29 ∨

输入关键词查询排行 🔍

▶详细数据　　　　　　　　　　　　　　　　　　　　　导出Excel

排行	消息关键词	出现次数	占比
1	优惠活动	12	▬▬▬▬▬▬▬▬▬
2	新品	9	▬▬▬▬▬▬
3	会员	7	▬▬▬▬
4	羽绒服	4	▬▬
5	打底	3	▬▬
6	卫衣裤	2	▬
7	感谢消息	2	▬

图9-12　近30日"优士绅"微信公众号的消息关键词

从图9-12可以看出，用户发送较多的关键词有"优惠活动""新品""会员"等，说明用户更加关注优惠活动、新品上架和会员福利等。营销人员在此后的微信公众号营销中应注重传递品牌优惠活动信息，如将菜单栏中品牌动态子菜单更改为优惠活动子菜单，或添加优惠活动子菜单，并通过自动回复等形式传递新品和会员信息等。

任务三　分析微博数据

微博是"优士绅"发布品牌或产品信息、与用户互动的重要平台，为了了解品牌的微博营销情况，以确定是否需要调整微博营销策略，现营销人员需要分析微博数据。微博数据主要包括概览数据、粉丝数据、博文数据、互动数据，营销人员将围绕这些数据分析"优士绅"微博账号的营销情况。

微课视频：分析微博数据

一、分析微博概览数据

微博概览数据即微博账号的整体数据（一般是昨日的数据）。打开微博App，进入微博账号主页，点击"创作中心"选项，在打开的界面中点击"数据助手"选项，在打开的界面中点击"概览"选项卡查看微博概览数据。营销人员在"概览"选项卡中查看了"优士绅"的微博概览数据，包括阅读趋势及微博转发、评论和点赞数据等，部分微博概览数据如图9-13所示。

图9-13　部分微博概览数据

从图9-13中可以看出，"优士绅"的微博整体数据较好，但发博数有所减少，且主动取关人数较多，营销人员猜测可能是博文内容不符合用户喜好、用户互动不够导致的。

二、分析微博粉丝数据

微博粉丝数据主要包括粉丝增长、活跃分布、粉丝画像等详细数据，在"数据助手"界面点击"粉丝"选项卡可查看微博粉丝数据。由于已在微博概览数据中对粉丝增长数据进行了分析，因此营销人员将重点分析粉丝的活跃分布和粉丝画像数据，明确用户的内容偏好和活跃时间，以开展更精准的微博营销。图9-14所示为"优士绅"微博账号的粉丝活跃情况和来源、喜好。

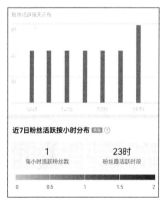
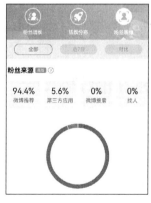
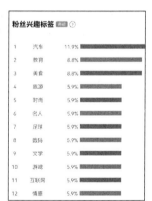

图9-14　"优士绅"微博账号的粉丝活跃情况和来源、喜好

从粉丝活跃情况来看，"优士绅"微博账号每日的粉丝活跃情况分布较为均匀，但有待提升；从粉丝来源、兴趣标签来看，粉丝多来源于微博推荐，对汽车、教育、美食类内容更感兴趣。为了提升粉丝活跃度，营销人员可以利用微博的推荐机制，在23时左右发布微博，或借助与粉丝兴趣相关的话题引导粉丝互动。

三、分析微博博文数据

微博博文数据记录了统计时间段内的全部博文和单条博文情况。在"数据助手"界面点击"博文"选项卡可查看微博博文数据。在分析微博博文数据时，营销人员重点分析了近30天的全部博文的阅读趋势，如图9-15所示。

从图9-15中可以看出，近30天"优士绅"微博博文的阅读总数上万，12月22日后博文的阅读数大幅增加；同时，结合图表来看，"优士绅"平均每天发布1.7（51÷30=1.7）篇博文，部分时间未发布博文，因此，营销人员可以增加博文的发布数量，以提高阅读数，增强与用户的互动。

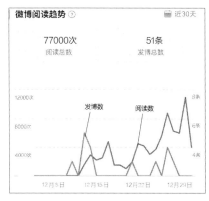

图9-15 微博阅读趋势

四、分析微博互动数据

微博互动数据主要包括近7天账号互动Top10、我的影响力等数据，其中，近7天账号互动Top10提供近7天内累计与账号互动最多的前10名用户的榜单，我的影响力主要用于衡量微博账号每天在微博平台上的影响力大小。在"数据助手"界面点击"互动"选项卡可查看微博互动数据。营销人员查看近7天账号互动Top10后，发现与账号互动较为频繁的仍然是之前那些用户，便将重点放在分析品牌的微博影响力上。图9-16所示为"优士绅"微博账号的我的影响力数据。

图9-16 "优士绅"微博账号的我的影响力数据

从图9-16中可以看出，近30天"优士绅"微博账号的覆盖较为平均，只有12月15日的传播力和活跃度较高，且随着覆盖度的提升，活跃度和传播力并未明显提升，这说明品牌的活跃度还有待提升，营销人员可以多在微博开展营销活动，如品牌活动、微博官方活动、与其他品牌联合开展的互动活动等。

任务四 分析抖音数据

"优士绅"在抖音通过发布短视频开展营销活动，发布内容以产品分享为主。在分析"优士绅"抖音数据时，营销人员准备先分析账号的整体数据，然后具体分析短视频数据（即作品数据）和粉丝数据，以期找出"优士绅"抖音营销存在的问题。

微课视频：分析
抖音数据

一、分析账号数据

分析账号数据有助于了解账号的整体情况。在抖音的数据看板中，账号数据主要由两部分组成：一部分是根据核心数据得出的账号诊断信息，另一部分是核心数据概览。营销人员先查看了账号诊断信息，了解了账号的基本情况，再根据核心数据概览具体分析了账号当前可能存在的问题。

（一）查看并分析账号诊断信息

查看账号诊断信息的具体操作为：点击"企业服务中心"选项，在打开界面的"数据中心"栏中查看相关数据，点击"总览"选项卡可查看账号诊断信息。图9-17所示为"优士绅"的账号诊断信息，其中各项数据指标的含义如下。

- **投稿数**。投稿的数量，根据统计周期内发布的作品个数得出。
- **互动指数**。作品在观看、点赞、评论和转发上的综合得分。
- **播放量**。作品被观看的次数。
- **完播率**。作品完整播放次数的占比，如每日完播率是指当日完播浏览量与总浏览量之比。
- **粉丝净增量**。账号净增粉丝数，计算公式为：涨粉数—掉粉数＝粉丝净增量。

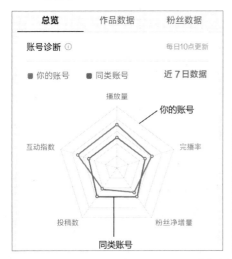

图9-17 "优士绅"的账号诊断信息

从图9-17中可以看出，"优士绅"抖音账号近7日的播放量、互动指数、完播率要高于同类账号，但是投稿数和粉丝净增量要低于同类账号。也就是说，完整观看作品的用户较多，但观看后关注账号的用户较少。

（二）查看并分析账号核心数据概览

为了进一步分析出现这种情况的原因，营销人员在"账号诊断"栏下方的"核心数据概览"栏中查看了账号核心数据概览，如图9-18所示。其中各项数据指标的含义如下。

- **主页访问量**。用户访问账号主页的次数。
- **账号搜索量**。账号在对应时间周期内，在搜索结果中曝光在用户面前的次数与账号的所有作品在对应时间周期内因搜索获得的播放量之和。
- **点赞量**。账号在对应时间周期内获得的点赞次数。
- **评论量**。账号在对应时间周期内获得的评论次数。
- **分享量**。账号在对应时间周期内被分享的次数。
- **取关粉丝/回访粉丝**。在对应时间周期内取消关注账号/再次访问账号的粉丝数量。

从图9-18可以看出，"优士绅"抖音账号近7日的大部分数据都在下降，其中，主页访问量比前7日下降了46%，点赞量比前7日下降了22%，且回访粉丝下降比例超过了70%。这说明账号对用户的吸引力在下降，作品的内容风格可能需要调整。营销人员可以进一步提升短视频的趣味性、实用性等，从而提升账号对用户的吸引力。

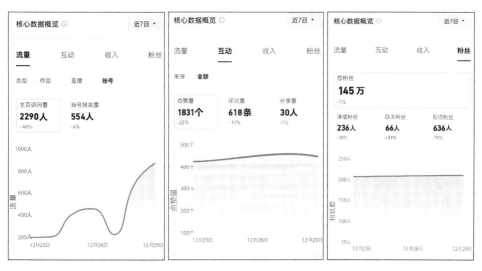

图9-18　账号核心数据概览

二、分析作品数据

作品数据是抖音数据的重要组成部分，分析作品数据可以清楚地掌握作品是否受欢迎，进而优化作品。点击"作品数据"选项卡可查看作品数据，图9-19所示为"优士绅"抖音账号近30天内的部分作品数据。

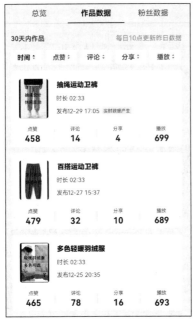

图9-19 "优士绅"抖音账号近30天内的部分作品数据

从图9-19可以看出，"优士绅"抖音账号基本保持每两天发布一篇作品的状态，12月21日后的作品播放量与之前相比有所下降，营销人员猜测可能是后期"DOU+"的付费推广费用减少导致的曝光不足。另外，作品的评论、分享数都较少，发布时间也不规律，针对前者，营销人员可以在策划选题时从用户痛点切入，在作品中增加互动话语，如"下一期你们想看什么"；针对后者，则可以尽量在固定的时间段发布作品，如用户较为活跃的时间段，以培养用户的观看习惯。

三、分析粉丝数据

分析粉丝数据有利于把握粉丝特点，维护与粉丝之间的关系。点击"粉丝数据"选项卡可查看粉丝数据，包括粉丝特征、分布、基础数据、兴趣等，营销人员将详细分析这些数据。

（一）查看并分析粉丝特征

在"粉丝特征"栏中可以查看粉丝特征，包括粉丝性别、年龄分布和热门在线时段等，如图9-20所示。

从图9-20可以看出，"优士绅"抖音账号的粉丝以24～40岁的男性为主，与目标用户基本吻合；20—23点是粉丝的在线高峰期，且22—23点这一时段的在线粉丝数最多。结合图9-19中的作品发布时间来看，作品的分享和评论数少的原因之一还可能是发布时间不对，应选择在20—23点发布作品。

图9-20　粉丝基础特征

（二）查看并分析粉丝分布

在"粉丝分布"栏中可查看粉丝的地区、设备和活跃度分布，图9-21所示为"优士绅"抖音账号粉丝分布情况。

从图9-21可以看出，"优士绅"抖音账号的粉丝活跃度较高，其中重度活跃粉丝占比达到了58%，说明"优士绅"只要保证作品的质量和发布时间的合理性，充分调动粉丝的积极性，就有机会获得不错的运营数据。

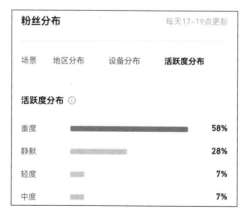

图9-21　"优士绅"抖音账号粉丝分布情况

（三）查看并分析粉丝基础数据

在"粉丝基础数据"栏中可查看粉丝变化（如净增粉丝、回访粉丝等）、粉丝关注来源等，如图9-22所示。

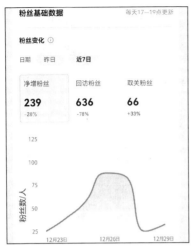

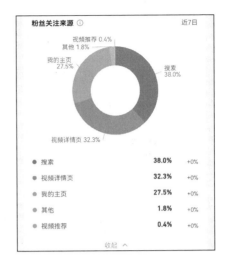

图9-22　粉丝基础数据

从图9-22可以看出，12月23日后，"优士绅"抖音账号的净增粉丝增长较多，粉丝关注来源主要为搜索、视频详情页和我的主页3个渠道。这些数据说明：12月23日后发布的作品"吸粉"能力较强，具有借鉴意义；需要加强对粉丝的互动引导，如引导其点赞、评论和分享，并选择用户感兴趣的主题制作作品。

任务五　分析直播营销活动数据

近期，"优士绅"开展了一场直播营销活动，其营销目标为总销售额达到500万元。为了更全面地掌握直播营销活动数据，营销人员将借助蝉妈妈分析用户画像数据、流量数据、转化数据。

微课视频：分析直播营销活动数据

一、分析用户画像数据

用户画像数据主要包括用户的性别分布、年龄分布及来源等。分析用户画像数据有助于营销人员掌握品牌直播营销活动的目标用户及其来源，进而优化直播营销活动内容，更精准地引流、推广。

登录蝉妈妈，在蝉妈妈首页单击"找直播间"超链接，在打开的页面的搜索框中输入抖音号，在搜索结果列表中选择想要查看的直播场次，在打开的页面中单击 [数据大屏] 按钮，在打开的页面中可查看所有直播数据，包括用户画像数据。图9-23所示为"优士绅"此次直播的观众性别和年龄分布、来源数据。

从图9-23可以看出，在性别分布上，"优士绅"此次直播的观众以男性为主；在年龄分布上，18～23岁的观众占比最高，其次是24～30岁的观众。这说明此次直播的观众主要是年轻男性用户，与"优士绅"的目标用户基本吻合。就来源而言，通过视频和其他渠道进入直播间的观众最多，这说明直播宣传预热、推广引流中的视频推广以及其他渠道的推广力度大、效果好。

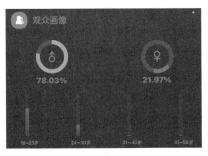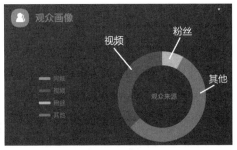

图9-23 "优士绅"此次直播的观众性别和年龄分布、来源数据

二、分析流量数据

直播流量数据主要包括累计观看人次、人气峰值、UV（Unique Vistor，独立访客）价值、平均停留时长、在线人数、新增人数、互动率等，反映了直播营销活动的实时开展情况。图9-24所示为"优士绅"的直播流量数据。

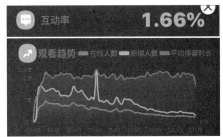

图9-24 "优士绅"的直播流量数据

从图9-24可以看出，"优士绅"的直播累计观看人次为5万人次左右，在线人数的人气峰值出现在开播20分钟内，说明直播营销预热做得好，带来了大量用户；在线人数和新增人数随着直播时间的推移而逐渐减少，新增人数在11:04达到高峰，这一方面说明直播的促留存等工作还做得不够，另一方面说明11:04出现的产品或者活动很受用户欢迎，主播可以进一步优化直播营销话术、丰富直播营销活动；平均停留时长中等，不到2分钟，互动率较低，这说明在下一次开展直播营销活动时可以适当增加与用户的互动，如鼓励用户发布弹幕、及时回复用户等，以增加用户的停留时长。

三、分析转化数据

转化数据主要包括浏览互动数据（产品展示次数和点击次数）、引导转化数据（产品详情页访问次数）和直播带货数据（销售额、销量、UV价值等）。其中，直播带货数据是衡量直播营销活动效果的重要数据，UV价值 = 总销售额 ÷ 访问人数 。图9-25所示为"优士绅"的直播带货数据。

从图9-25可以看出，"优士绅"此次直播营销活动的GMV（Gross Merchandise Volume，产品交易总额）为575万元，超过了预期目标。随着直播时间的推移，产品销量的增加越来越缓慢，结合图9-24中的UV价值数据为8.59元，而产品的直播价多为200~400元，这说明此次直播营销活动的转化效果还有待提升，主播下次可以优化促转化话术、产品描述等。

图9-25 "优士绅"的直播带货数据

 案例链接

《2022直播电商白皮书》发布，洞悉直播电商行业本质

2022年12月，中国社会科学院财经战略研究院、淘宝直播联合发布了《2022直播电商白皮书》，从理论到实践深入分析了电商行业的发展现状，具有长期的指导意义。

《2022直播电商白皮书》基于淘宝直播数据，从直播电商的概念、MCN（Multi-Channel Network，多频道网络）的发展、电商主播、品牌直播、直播流程标准化、直播人员标准化等方面，全方位分析了直播电商的本质和运作模式。例如，就概念来说，《2022直播电商白皮书》将直播电商定义为利用即时视频、音频通信技术同步对产品或者服务进行介绍、展示、说明、推销，并与用户进行沟通互动，以达成交易为目的的商业活动。就直播流程标准化来说，《2022直播电商白皮书》提出了淘宝直播的一系列规范行为，为想要在淘宝直播开展直播电商业务的人士提供了参考依据。

案例思考：

（1）案例中数据的类源是什么？

（2）案例中的数据分析结果，对直播电商的发展起到什么积极意义？

点评：《2022直播电商白皮书》基于淘宝直播的直播电商活动及相关数据，提出了一系列具有参考价值的运营指导，很好地促进了直播电商行业的规范化发展。

📊 任务实训 ●●●●●

一、分析"农禾"的线上营销活动数据并调整营销计划

【实训背景】

近期，"农禾"开展了主题为"筑梦计划·走进千家万户"的营销活动，助推优秀农产品走进千家万户。为更好地推广活动，"农禾"在微博发布了营销文案，在抖音发布了宣传短视频，并发起了话题挑战。图9-26、图9-27所示分别为此次活

动的微博数据、抖音作品数据（包括作品概况和受众人群）。

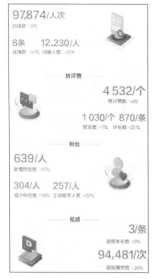

图9-26 此次活动的微博数据　　　　图9-27 此次活动的抖音作品数据

【实训要求】

（1）分析微博数据，包括阅读数据、转评赞数据等，并提出调整建议。

（2）分析抖音作品数据，包括作品概况、受众人群等，并提出调整建议。

【实训过程】

步骤01▶分析微博数据。从图9-26中可以看出，有关营销活动的微博阅读数过万，但转评赞数、新增粉丝数等较少，营销人员之后可能需要运用一定的营销技巧，如打造话题引导用户讨论、开展"关注+转发"抽奖活动等。

步骤02▶分析抖音作品数据。从图9-27中可以看出，宣传短视频的播放量、5s完播率等较高，粉丝播放占比较高，整体完播率较低，说明短视频的推广引流做得较好，但内容需要进一步优化；在作品的受众人群中，女性用户占主导地位，31～40岁的用户占比最高，而抖音用户以年轻用户为主，这说明作品的内容需要更加契合这类用户的喜好或痛点，营销人员可以在作品中增添年轻用户喜欢的创意，如在台词中使用网络流行语、使用名人作为主角等。

二、分析直播活动数据并优化活动方案

【实训背景】

除了在微博、抖音开展营销，"农禾"还开展了直播，以扩大营销活动的影响范围。图9-28所示为本次直播活动的相关数据。

【实训要求】

（1）分析直播活动数据，找出本次直播活动存在的问题。

（2）根据数据分析结果优化活动方案。

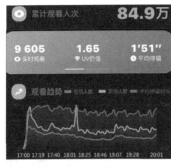

图9-28 本次直播活动的相关数据

【实施过程】

步骤01 ▶ 分析直播流量数据。从图9-28中可以看出，此次直播的累计观看人次突破了80万人，在开播后不久出现了人气峰值，这说明此次直播活动的预热、引流工作做得不错；开播后不久、18:01—18:25出现了两次新增人数高峰，这说明18:01—18:25可能是用户的上网高峰时段，或者该时段的产品或活动非常有吸引力；平均停留时长中等，不到2分钟，说明有不少用户在进入直播间后快速离开，营销人员需要优化促留存策略、直播产品的选择等。

步骤02 ▶ 分析直播转化数据。此次直播的总销售额为550万元，总销量为5万单，单价为110元，这说明用户购买的多为低单价的产品。营销人员要想提高销售额，可以适当添加单价高且性价比高的产品。

步骤03 ▶ 优化活动方案。完成直播活动的数据分析后，营销人员根据分析结果为下一次直播活动的开展提出了优化方案，活动优化方案如表9-1所示。

表9-1 活动优化方案

活动阶段	优化方向
直播筹备	选品时选择价格更加多元的产品，划分好引流产品、热销产品等；撰写直播脚本时，需要为每个产品撰写单品直播脚本，并使用不同的颜色标注出产品的核心卖点；优化直播话术
直播预热	多渠道预热，预热内容的表现形式可以更加丰富，如精致、有吸引力的直播预告海报、直播预告短视频等
直播执行	在直播过程中加强推广，可以使用付费推广工具；不断引导用户关注、分享直播间

知识巩固

1. 选择题

（1）【单选】数据分析的作用不包括（ ）。

 A. 了解营销质量 B. 调整营销方向

 C. 降低营销成本 D. 评估营销方案

（2）【单选】以某一参照物为中心对比分析的方法是（　　　）。

    A．对比分析法   B．拆分分析法

    C．漏斗分析法   D．相关性分析法

（3）【多选】微信公众号数据分析一般包括（　　　）。

    A．用户分析   B．内容分析   C．消息分析   D．菜单分析

2．判断题

（1）微信公众号无法查看单篇图文群发数据。（　　　）

（2）抖音账号数据主要由账号诊断信息、核心数据概览组成。（　　　）

（3）一般来说，UV价值越高越好。（　　　）

3．简答题

（1）简述数据分析的基本步骤。

（2）简述常用的第三方数据分析工具及其特点。

（3）简述用户属性数据的含义及其包含的数据指标。

4．实践题

（1）在微博发布营销文案或开展活动后，以微博数据为依据，分析此次微博营销存在的问题。

（2）以自己的抖音账号数据为基础，分析当前抖音营销存在的问题。

（3）在微信公众号发布营销文案后，分析微信公众号的用户、内容、菜单、消息数据，找出微信公众号当前存在的问题。

（4）开展一场直播营销活动，自选平台，然后分析直播营销活动数据，找出此次直播营销活动存在的问题，并提出优化方案。

项目十 新媒体营销综合实训

项目背景

实践是检验真理的唯一标准。本项目将围绕前文所述的知识，开展综合实操，检验对知识的掌握程度，帮助读者加深对新媒体营销知识和技能的理解和掌握，并应用于实际工作中。

知识目标

- 掌握主流新媒体平台的营销方法。
- 掌握各种营销方式的具体应用方法。

技能目标

- 能够通过微博、微信开展营销工作。
- 能够策划、拍摄和制作有吸引力的短视频。
- 能够发布和推广短视频，为短视频引流。
- 能够策划和开展一场完整的直播活动。
- 能够创建并管理社群，通过社群开展营销活动。
- 能够分析新媒体平台中的营销数据。

素养目标

- 不断学习和探索，拓展知识面，学习新技能，提升个人综合能力。
- 培养工匠精神和钻研精神，不断突破和尝新，提升个人创造力。

实 训 一　微信个人号营销

【实训背景】

"乡野农家"是一家位于乐山市黑竹沟镇的农家乐，旅游旺季来临之前，"乡野农家"准备利用微信个人号做营销，吸引更多用户。"乡野农家"已开设了7年，整体环境清幽，四周多花草，主打山野美食，所用食材新鲜，皆来自当地农户和山野，而且味道非常不错。此外，农家乐中还能开展钓鱼、采蘑菇、赏荷等活动。

【实训目的】

1. 掌握微信个人号的设置方法，以及微信好友的管理方法。

2. 能够根据实际需要，在微信朋友圈中选择合适的方法开展营销。

【实训准备】

1. 微信个人号的头像（配套资源：\素材文件\项目十\实训一\农家乐.jpg）。

2. 与农家乐美食、美景相关的图片（配套资源：\素材文件\项目十\实训一\美食.jpg、蘑菇.jpg、竹笋.jpg、钓鱼.jpg、采蘑菇.jpg、赏荷.jpg）。

【实训思路】

1. 设置微信名称为"乡野农家"，上传头像并更改个性签名，个性签名围绕农家乐的特点进行写作。

2. 利用标签对微信好友进行分组，组别为"客户""合作伙伴""亲朋好友"。

3. 在微信朋友圈编辑界面上传图片，输入能够体现农家乐的特色的营销文案，将其推送给"客户"组别的微信好友。

实 训 二　微信公众号营销

【实训背景】

乐山市黑竹沟镇的一名旅游爱好者准备开设一个个人微信公众号，类型为订阅号，向外地游客推荐乐山的好吃、好玩的地方，为此他打算写一篇文案推荐乡野农家。

【实训目的】

1. 熟悉微信公众号的设置流程。

2. 掌握微信公众号营销文案的写作、排版和发布方法。

【实训准备】

1. 未注册过微信公众号的电子邮箱、手机号。

2. 微信公众号的头像（配套资源：\素材文件\项目十\实训二\头像.jpg）。

3. "乡野农家"的相关资料（见实训一），注册并登录135编辑器。

【实训思路】

1. 在微信公众平台按照提示注册微信公众号，设置微信公众号的名称（可根据微信公众号用途拟定）、功能介绍和运营地。进入微信公众号后台的"账号详情"页面设置头像。

2. 从美食、美景、农家活动3方面写作推荐"乡野农家"的文案标题、正文。

3. 将文案复制粘贴到135编辑器，调整文字字体、大小和间距，为重要文字设置样式，插入"乡野农家"相关的图片。

4. 利用135编辑器的同步功能将文案同步保存到微信公众号草稿箱，在微信公众号中群发文案。

实训三 微博营销

【实训背景】

"青源"是青海的新兴乳制品品牌，近期推出了新品"甜牛奶"，将在微博通过文案、话题、抽奖活动营销该产品。该产品的奶源好，取自青藏高原的高原奶牛，这些奶牛吃原生的天然牧草，喝冰川雪水，产出的牛奶品质高，且带有微微的甜味，既营养又好喝。该产品一箱10瓶，当前购买可享受一箱立减6元的优惠，优惠价为59元。

【实训目的】

1. 熟悉微博账号的组成。

2. 掌握短微博的写作、发布。

3. 掌握微博话题的设置方法和微博活动的开展方法。

【实训准备】

1. 微博账号头像素材（配套资源：\素材文件\项目十\实训三\微博头像.jpg）。

2. 产品宣传海报（配套资源：\素材文件\项目十\实训三\产品宣传海报.png）。

3. 抽奖的相关信息，包括奖品"3瓶装甜牛奶"、奖品价值"19.5元"、中奖人数"5人"、抽奖要求"关注+转发"。

【实训思路】

1. 注册微博账号，设置微博账号的昵称为"青源"，简介为"品质好奶，铸就健康生活"。

2. 写作体现甜牛奶产品特点的营销文案，上传产品宣传海报，发布图文结合的短微博。

3. 新建微博话题"#青源 甜牛奶#"，围绕该话题和甜牛奶的新上市写作并发布文案。

4. 设计抽奖文案，为甜牛奶创建实物抽奖。

实训四 策划和拍摄短视频

【实训背景】

采摘旺季即将来临，成都温江的"田家果园"为了吸引更多人来果园采摘草莓，提升草莓销量，准备制作一个与草莓采摘相关的短视频发布在短视频平台上。

【实训目的】

1. 掌握短视频脚本的策划方法。

2. 掌握短视频拍摄的方法。

【实训准备】

1. 拍摄器材：智能手机；辅助器材：稳定器。

2. 草莓采摘道具：红篮子；草莓摆放道具：泡沫托、小竹篓。

【实训思路】

1. 围绕"草莓采摘"确定短视频拍摄选题。

2. 确定拍摄短视频的时间和地点，水果户外拍摄可选择白天光线较好的某一时间，并提前观察果园内草莓的长势，选择长势较好的地方。

3. 围绕"采摘草莓""草莓外观""草莓色泽"构思短视频内容。

4. 围绕短视频内容撰写分镜头拍摄脚本，脚本中应明确镜号、景别、拍摄方式、画面内容、台词/字幕、背景音乐/音效、时长等内容。

5. 使用手机，调整为横屏模式，按照短视频脚本中镜号的先后顺序依次拍摄短视频素材。

实训五　剪辑、发布和推广短视频

【实训背景】

"田家果园"需要适当美化短视频，为其添加装饰素材，并通过合适的文字告知开放采摘的时间（4月25日）、强调采摘的乐趣和草莓的特点，从而增强短视频的吸引力，并发布和推广短视频，提升短视频热度。

【实训目的】

1. 熟悉短视频的剪辑工具。

2. 掌握短视频的剪辑技巧。

3. 掌握使用剪映App剪辑和发布短视频的方法。

4. 掌握使用付费推广工具推广短视频的方法。

【实训准备】

1. 短视频素材（配套资源：\素材文件\项目十\实训五\草莓视频素材\草莓外观1.mp4、草莓外观2.mp4、草莓采摘.mp4、草莓卖点.mp4）。

2. 最新版剪映App和已注册登录的抖音账号。

3. 推广金额"100元"。

【实训思路】

1. 在剪映App中导入短视频素材。

2. 设置"草莓外观1.mp4"素材、"草莓采摘.mp4"素材的变速倍数为"3.0x"，"草莓外观2.mp4"素材、"草莓卖点.mp4"的变速倍数为"6.0x"。

3. 分割"草莓采摘.mp4"素材，只保留3人采摘草莓、白衣女子蹲下将草莓采摘放入红篮子的视频画面，删掉其余画面。

4. 分割"草莓卖点.mp4"素材，只保留部分草莓整齐放置在泡沫托上、手指拿起草莓、切开的草莓的视频画面，以缩短时长。

5. 分割"草莓外观1.mp4"素材，只保留草莓落到水中的视频画面。

6. 分割"草莓外观2.mp4"素材，只保留前半部分的视频画面。

7. 调整短视频素材的顺序为："草莓外观1.mp4"素材→"草莓采摘.mp4"素材→"草莓外观2.mp4"素材→"草莓卖点1.mp4"素材。

8. 为"草莓外观1.mp4"素材、"草莓采摘.mp4"素材、"草莓外观2.mp4"素材添加"滑入波动"组合动画，为"草莓外观1.mp4"素材添加出场动画。

9. 为所有短视频素材应用"清晰"滤镜。

10. 在"草莓外观1.mp4"素材、"草莓采摘.mp4"素材之间添加"推进"转场，在"草莓外观2.mp4"素材、"草莓外观1.mp4"素材之间添加"云朵"转场。

11. 应用"看书时间|信息指示"素材模板，修改模板中的文字，复制模板并修改文字，直到完成脚本中设计的所有台词或字幕文字的添加。

12. 添加轻快的背景音乐，使其时长与短视频时长保持一致。

13. 导出短视频并发布到抖音以及其他短视频平台上（配套资源：\效果文件\项目十\实训五\草莓采摘.mp4）。

14. 设置"DOU+"速推版推广金额为"100元"，然后投放，推广短视频。

实训六　策划直播活动

【实训背景】

重庆市涪陵县新农人小张主要在线下售卖当地的农产品。近期，当地的夏黑葡萄大丰收，于是小张想到通过直播来销售葡萄，拓宽销路。该葡萄果实无核、果肉脆硬、味香甜，市场价为12元/斤，直播价为9元/斤，规格为5斤/份，包邮，预计通过直播销售1万份。

【实训目的】

1. 掌握策划直播方案的流程。

2. 掌握撰写整场直播脚本和单品直播脚本的方法。

3. 掌握直播话术的设计。

【实训准备】

1. 直播时间（7月1日9:00—10:00）、直播人员（主播小张）。

2. 产品信息（配套资源：\素材文件\项目十\实训六\产品图片\）。

【实训思路】

1. 明确直播的目的、时间、主播等基本信息。

2. 筹备直播场地，如葡萄种植园，并提前确定好要在直播中展现的场景，如挂满枝头的葡萄、现场采摘葡萄的村民、现场打包等。

3. 筹备直播设备，包括用于直播的手机、观看评论的手机，放置手机的支架等。

4. 按照直播开场、直播过程、活动结尾的流程设计整场直播脚本，直播过程可重点展现产品的特点。

5. 结合葡萄的特点、直播价、直播场地等，按照"产品导入+产品卖点+产品利益点引导转化"的公式设计单品直播脚本。

6. 从欢迎大家观看的角度设计直播开场话术，围绕葡萄的品质好、现摘现发、直播价等来设计直播转化话术，从感谢大家的角度来设计直播下播话术。

实训 七　开展直播活动

【实训背景】

直播要开始了，小张需要提前3天发布直播预告，并将直播链接发布到第三方平台，为直播预热。同时于7月1日9:00准时开播，讲解产品的卖点并与用户互动，体验直播活动的具体开展过程。

【实训目的】

1. 掌握直播预告的发布方法。

2. 熟悉直播的进行流程。

【实训准备】

直播封面图（配套资源：\素材文件\项目十\实训七\直播封面图.png）。

【实训思路】

1. 在直播中控台上传直播封面图，输入直播标题（体现直播目的），设置直播时间，并添加与农产品相关的标签。

2. 在"直播管理"页面复制直播预告链接，并发布到微博、微信等平台。

3. 提前测试直播，检查网速、收音等，根据直播脚本排练直播。

4. 正式开播，回答用户提出的关于包邮、退换、口感等方面的问题，实时与弹幕互动。

实训 八　社群营销

【实训背景】

防晒用品品牌"初旭"在经过两年的经营后，积累了一批忠实用户。为了更好地维护这些用户，提高用户的复购率，"初旭"计划创建微信群，在微信群中开展营销。

【实训目的】

1. 掌握创建并管理社群的方法。

2. 熟悉常见的社群营销方式和社群活动。

【实训准备】

1. 社群Logo（配套资源：\素材文件\项目十\实训八\社群Logo.jpeg）。
2. 用于管理社群的微信个人号。

【实训思路】

1. 在微信中创建微信群并设置群名称为"初旭粉丝群"，设置头像为社群Logo，并设置管理员（管理员的头像为社群Logo）。
2. 通过群公告发布入群规则，入群规则为"本群禁止发布小广告，禁止群成员之间私下交易"。
3. 围绕用户的防晒需求设计交流主题，如"防晒脑洞"，让用户提出自己关于防晒的各种设想，活跃社群氛围。
4. 发布拼手气红包（如20元/50个），引导用户畅所欲言。

实训九　新媒体营销数据分析

【实训背景】

童装品牌"次夏"要开始对前一段时间的抖音短视频运营数据和直播营销活动数据进行分析，以掌握其运营情况，从而有针对性地调整运营策略，提升营销效果。

【实训目的】

1. 掌握分析抖音数据的方法。
2. 熟悉分析直播营销活动数据的方法。

【实训准备】

1. 抖音数据（配套资源：\素材文件\项目十\实训九\抖音数据\）。
2. 直播活动数据（配套资源：\素材文件\项目十\实训九\直播活动数据\）。

【实训思路】

1. 先分析抖音核心数据，然后分析作品数据、粉丝数据。
2. 先分析直播营销活动的用户画像数据，然后分析流量数据、转化数据、互动数据等。